AF542803

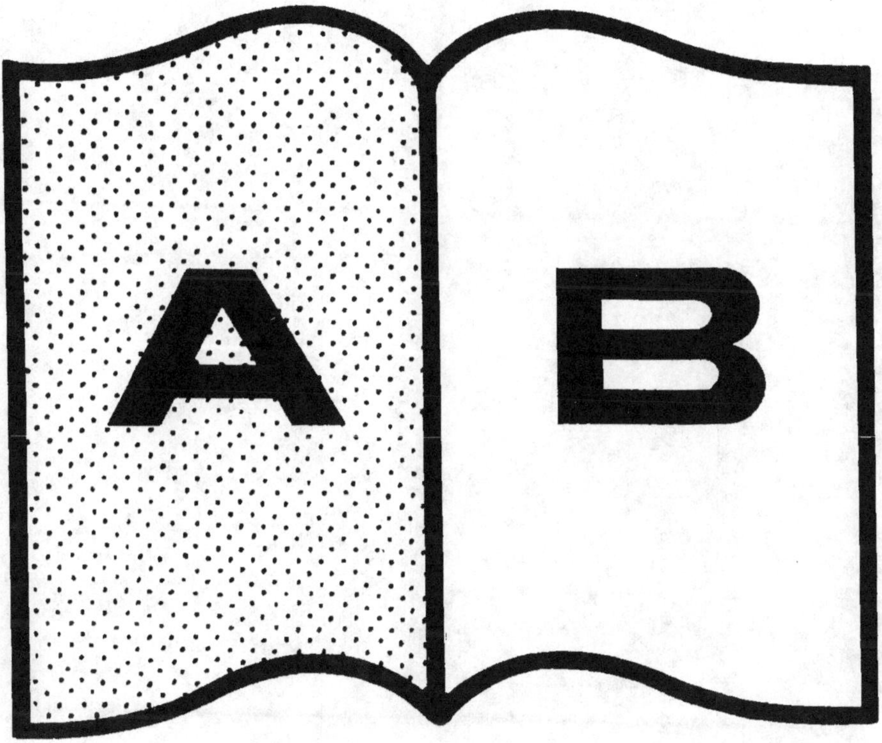

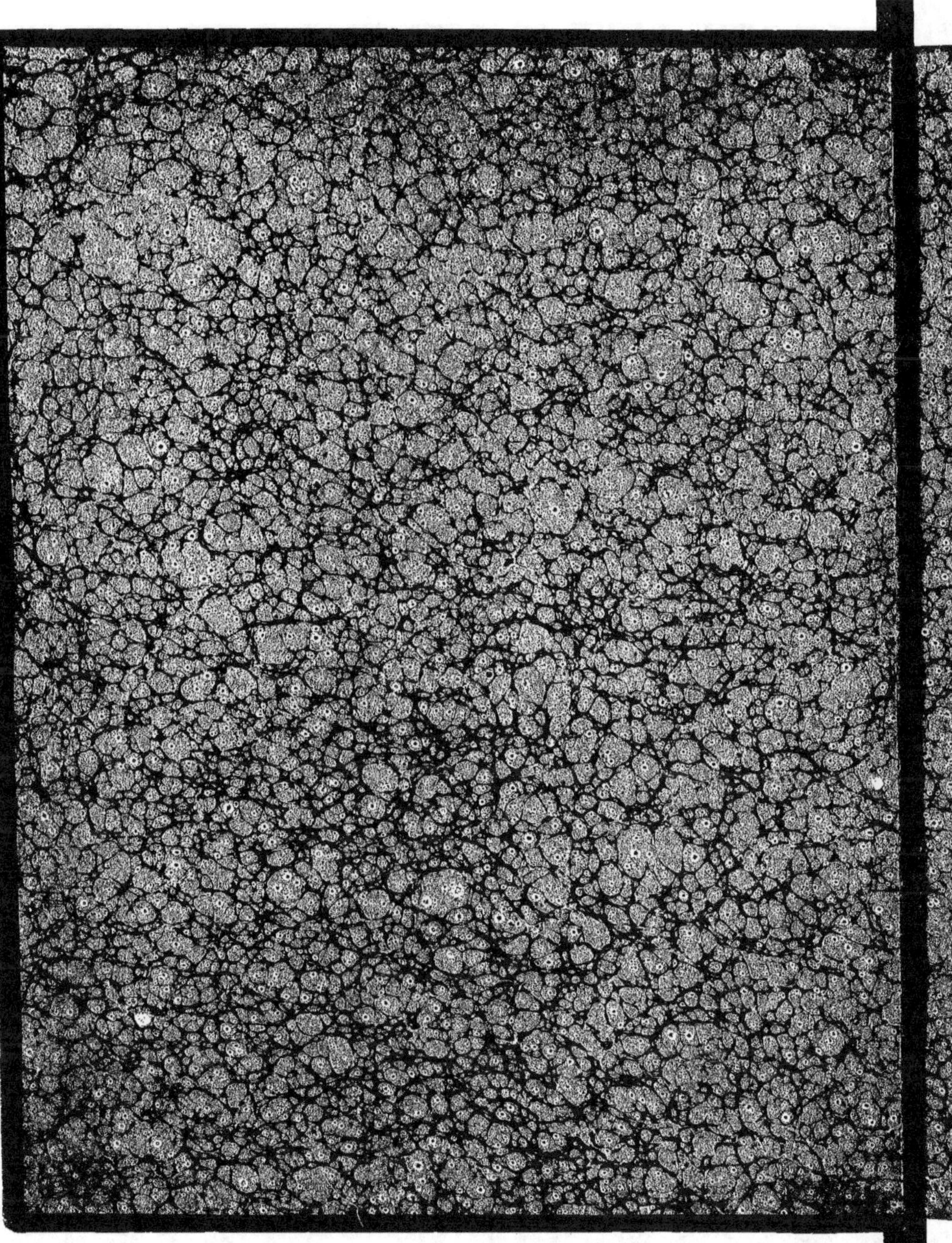

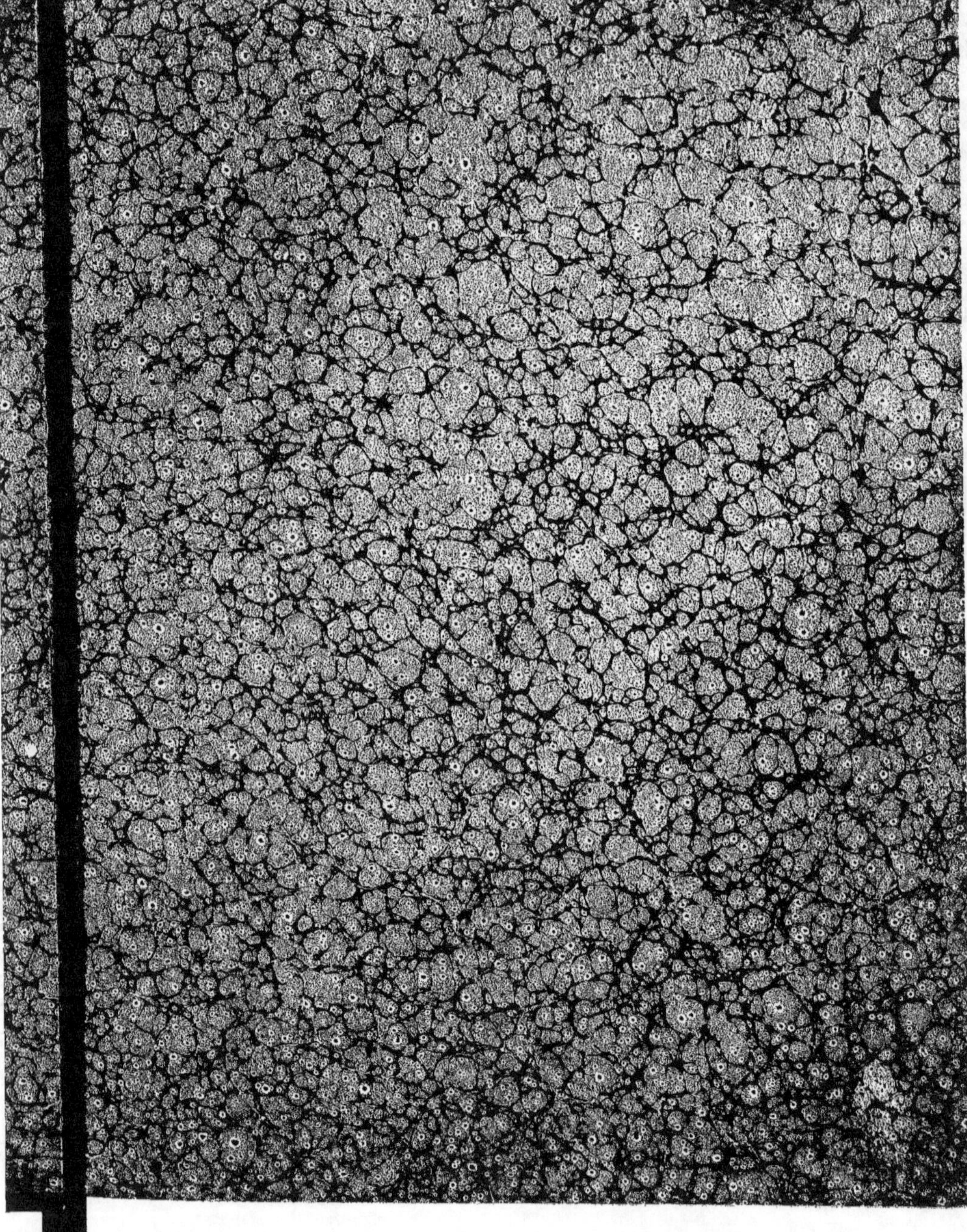

SUR LA STATUE ANTIQUE

DE VÉNUS VICTRIX

DÉCOUVERTE DANS L'ILE DE MILO EN 1820.

SE TROUVE CHEZ

DEBURE frères, libraires du Roi et de la Bibliothèque royale, à Paris, rue Serpente, n° 7.

TREUTTEL et WURTZ, { à Paris, rue de Bourbon, n° 17;
à Strasbourg, rue des Serruriers;
à Londres, 30 Soho-Square.

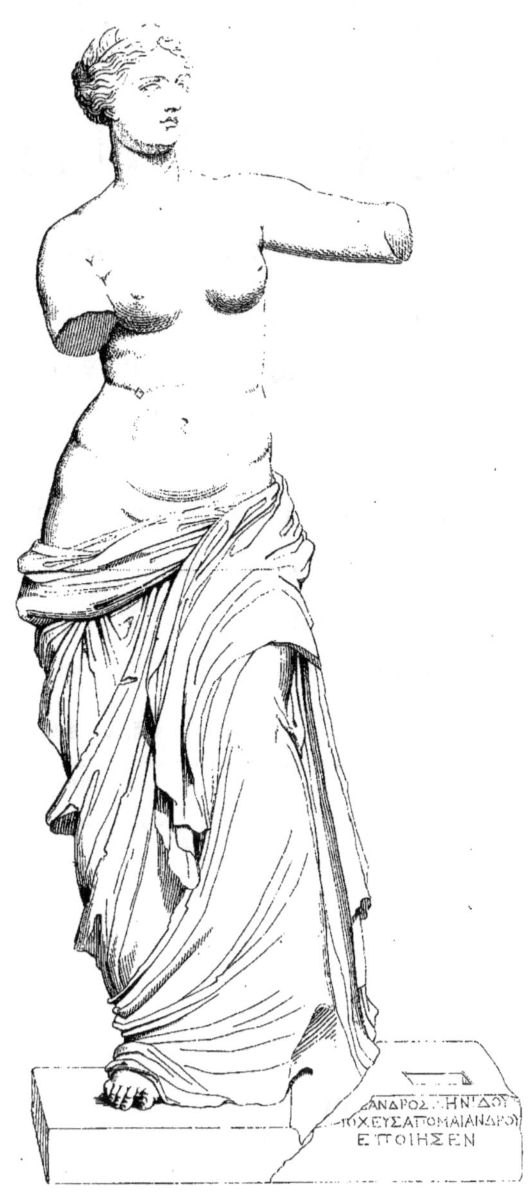

Debay filius del.

VENUS VICTRIX,

découverte dans l'Ile de Milo, au mois de Février 1820,
donnée au Roi le 1er Mars 1821, par M. le Marquis de Rivière,
son Ambassadeur à Constantinople.

SUR LA STATUE ANTIQUE

DE VÉNUS VICTRIX

DÉCOUVERTE DANS L'ILE DE MILO EN 1820;

TRANSPORTÉE A PARIS ET DONNÉE AU ROI

PAR M. LE MARQUIS DE RIVIERE,

AMBASSADEUR DE FRANCE A LA COUR OTTOMANE.

ET SUR LA STATUE ANTIQUE

CONNUE SOUS LE NOM

DE L'ORATEUR, DU GERMANICUS,

ET D'UN PERSONNAGE ROMAIN EN MERCURE,

PAR M. LE COMTE DE CLARAC,

CONSERVATEUR DU MUSÉE ROYAL DES ANTIQUES, etc.

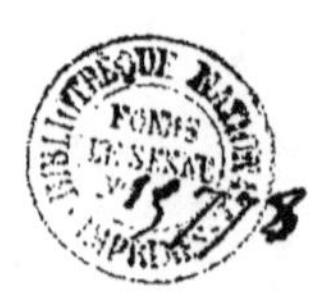

A PARIS,

DE L'IMPRIMERIE DE P. DIDOT, L'AINÉ,

CHEVALIER DE L'ORDRE ROYAL DE SAINT-MICHEL,

IMPRIMEUR DU ROI.

1821.

NOTICE

SUR

LA STATUE ANTIQUE DE VÉNUS

DÉCOUVERTE DANS L'ILE DE MILO.

La déesse de la beauté, en naissant jadis au sein de l'onde, ne causa pas plus de rumeur parmi les dieux et les mortels qu'elle n'en excite aujourd'hui parmi les artistes et les connoisseurs, qui se pressent à l'envi de payer leur tribut d'admiration et d'hommage à ce chef-d'œuvre de l'antiquité; c'est un astre nouveau dont l'apparition répand sur l'art des anciens de nouvelles lumières. Vénus, privée d'une partie de ses charmes, l'emporte encore sur les divinités qui l'entourent, et semblent former sa cour; Diane seule lui dispute le prix de la beauté; et si la belle déesse de la chasse, que la France doit à Henri IV, ainsi que plusieurs autres chefs-d'œuvre antiques, atteste tout ce que le bon roi fit pour les arts, la Vénus de Milo, rappelant à la postérité et le goût de Louis XVIII pour les beaux-arts, et l'éclat dont il les fit briller, prouvera que le feu sacré allumé par François Ier a été conservé par ses descendants. Que seroit-ce si la déesse nous eût apparu avec tous ses charmes, et telle que la forma l'habile artiste au génie duquel nous la devons? Que de regrets les beautés qui existent encore ne font-elles pas éprouver pour celles que le temps nous a ravies? Si les marbres du Parthénon, transportés en Angleterre, ont fait époque dans l'histoire des arts, la découverte de notre statue, qui réunit dans un haut degré toutes leurs beautés diverses, n'en offrira pas une moins importante, et l'admiration raisonnée des hommes les plus habiles l'a déja placée au premier rang des ouvrages d'un mérite supérieur. A quoi serviroit de la décrire? le peut-on? Un seul coup d'œil la fait mieux connoître que toutes nos paroles. Il faut la voir, la revoir encore, la contempler, et l'on sentira que tout ce que l'on pourroit en dire ne rendroit que foiblement l'impression que fait éprouver la vue de ces contours si nobles, si souples, si coulants, si animés : c'est Vénus toute entière brillante de jeunesse et d'attraits, telle que sur le mont Ida ou dans les bosquets de Chypre, elle parut aux yeux émerveillés de Pâris et d'Adonis; voilant une partie de ses charmes, la déesse dédaigne d'en faire briller tout l'éclat pour assurer son triomphe. En la voyant paroître, les dieux de l'Olympe étoient à ses pieds, et la terre lui élevoit des autels. Ce n'est pas Vénus, déesse des plaisirs des sens, et portant avec joie le trouble dans l'ame des dieux et des mortels, c'est plutôt la déesse qui inspiroit de douces voluptés et des plaisirs sans regrets; c'est Vénus réunissant toutes les beautés célestes de l'ame à toutes les perfections du corps; c'est la beauté telle que se la créoit l'imagination d'Homère, ou telle que la concevoient les grands maîtres de l'art dont le génie puisoit dans ses sublimes ouvrages les plus hautes conceptions; une douce fierté anime ses traits divins, et l'on reconnoît la fille de Jupiter. Aucune création de la sculpture n'a plus de vie, et n'offre avec autant de vérité une imitation plus parfaite de la nature féminine la plus élevée dans toute la beauté et la pureté de ses formes.

Le Musée royal ayant été enrichi de cette belle statue depuis la nouvelle édition de la description des antiques, elle n'a pas encore de numéro ; la place qu'elle occupe n'est même que provisoire, et elle attend qu'on lui en ait trouvé une plus favorable au développement de toute sa beauté. Un grand nombre d'artistes et d'amateurs se sont indignés de la voir adossée à un mur, et ont exprimé le desir qu'elle fût placée isolément, afin qu'on pût l'admirer et l'étudier sous tous les aspects; et l'on a cité à ce sujet la Vénus de Praxitèle, le plus bel ornement du temple de Cnide, et qu'on pouvoit contempler de tous les côtés. Mais peut-être n'a-t-on pas fait assez d'attention à la manière dont sont exécutées, par derrière, les draperies de notre statue: elles ne sont que dégrossies, et semblent autoriser à penser que cette figure, ainsi que beaucoup d'autres, avoit, dès l'origine, été destinée à être placée ou dans une niche ou près d'une muraille; le dos, il est vrai, est terminé, et digne du reste du corps; mais, par son attitude, la déesse, vue du côté droit, laisse apercevoir une partie de son dos; et il eût été impossible de se contenter de l'ébaucher, ainsi que l'on a fait pour les draperies, qui ne devoient pas être vues : elle pouvoit d'ailleurs être placée de manière à ce qu'elle fût vue de tous côtés jusqu'au milieu du corps, tandis que la partie inférieure n'auroit pas été, par derrière, exposée aux regards.

Avant de parler de ce chef-d'œuvre, il est peut-être à propos de donner un précis de sa découverte, et de faire connoître avec exactitude l'état dans lequel il se trouvoit en arrivant à Paris. Ces détails peuvent offrir de l'intérêt, lorsqu'ils ont rapport à un bel ouvrage; et il seroit même à desirer qu'on pût toujours indiquer avec précision le degré de conservation et la provenance des monuments antiques. Ces indications sont utiles sous plus d'un point de vue, et peuvent mettre sur la route de nouvelles découvertes. Je dois les renseignements que je vais consigner ici à l'obligeance de M. le vicomte de Marcellus, secrétaire de l'ambassade de Sa Majesté à Constantinople; de M. d'Urville, enseigne de vaisseau à bord de la gabarre *la Chevrette*, et attaché à l'expédition hydrographique de M. le capitaine Gauthier, dans la Méditerranée et dans la mer Noire, et de M. Duval d'Ailly, commandant l'*Émulation*, gabarre de Sa Majesté.

M. le baron de Haller, avantageusement connu par l'aménité de son caractère, par son goût pour les voyages, par le zèle éclairé qu'il mettoit dans ses recherches d'antiquités, et dont les arts ont à déplorer la perte, découvrit en 1814, sur un coteau rocailleux, près de Castro ou les Six-Fours, dans l'île de Milo, l'ancienne ΜΗΛΟΣ, *Mélos*, un amphithéâtre en marbre assez bien conservé, de 120 pieds de diamètre, et dont le terrain et les environs, jonchés de fragments de statues et de colonnes, ont servi à fixer d'une manière certaine la position de l'ancienne ville de Mélos, située sur une colline qui regarde l'entrée de la rade, et qui est au sud de Castro [1]. D'après le rapport que ce

(1) On peut consulter, sur tout ce qui regarde l'état ancien et moderne de cette île, Tournefort, *Voyage du Levant* t. I, p. 174-205; Olivier, *Voyage dans l'empire ottoman*, vol. I, p. 330-347. Ces deux voyageurs ont traité avec détail tout ce qui a rapport à l'histoire naturelle de Milo, dont le terrain volcanique, et souvent bouleversé par des tremblements de terre, recèle une grande quantité d'eaux thermales célèbres chez les anciens, et offre de nombreuses grottes qui la plupart ont servi de catacombes à différentes époques, et dont les produits volcaniques, tels que le blanc employé dans la peinture, le soufre, l'alun, et les pierres ponces, avoient une grande réputation.

Quant aux vicissitudes politiques auxquelles cette île, l'une des plus importantes des Cyclades, a été en proie, il suffit de savoir, pour l'objet qui va nous occuper, que cette colonie, fondée, selon les uns, par les Phéniciens, selon d'autres, par les Lacédémoniens,

savant voyageur en adressa à S. A. R. le prince de Bavière, ce prince, amateur passionné des beaux arts de l'antiquité, fit l'acquisition de cet amphithéâtre, dans l'espoir d'y trouver des monuments antiques dignes d'être ajoutés à sa riche et curieuse collection. On sait que c'est à ce prince qu'appartiennent les dix-sept belles statues d'ancien style grec découvertes il y a peu d'années dans l'île d'Egine.

Vers la fin de février 1820, un paysan grec nommé Georges travailloit à son jardin, à cinq cents pas de cet amphithéâtre, et au-dessus des grottes sépulcrales creusées sur la droite de la vallée qui conduit à la mer; voulant aplanir le terrain du côté des rochers, il trouva quelques fragments de marbre, et en avançant, il arriva jusqu'aux murs de la ville, construits en partie sur ces rochers, et en pierres irrégulières; il y découvrit le

porta succesivement les noms de Byblis, de Zephyria, de Mimallis, de Siphnus et d'Acyton; on ne voit pas trop pourquoi Pline la regarde comme la plus ronde des îles; car Naxos l'est beaucoup plus. Après avoir joui de la liberté pendant plus de sept cents ans avant la guerre du Péloponnèse, cette île finit par être ravagée de fond en comble la première année de la quatre-vingt-onzième olympiade, l'an 416 avant Jésus-Christ, par les Athéniens, auxquels les Méliens avoient refusé de s'allier contre les Lacédémoniens. Alcibiade fit porter un décret en vertu duquel tous les hommes furent massacrés, et l'on réduisit en esclavage les femmes et les enfants. Quelques années après, Lysandre s'étant emparé d'Athènes, chassa de Mélos les Athéniens qui s'y étoient établis, et y ramena une colonie lacédémonienne. Depuis cette époque il n'est presque plus question de Mélos dans les auteurs anciens, et rien ne la distingua des autres îles de la Grèce lorsqu'elle fut soumise au joug des Romains, ou lorsqu'elle fit partie de l'empire grec. Réunie en 1207 au duché de Naxie par Marc Sanudo, premier duc de l'Archipel, elle en fut détachée dans la suite, et y fut annexée de nouveau par Crispo, qui devint dixième duc de l'Archipel en s'emparant des états de Nicolas Carcerio, neuvième duc, qu'il fit assassiner à Milo. Vers le milieu du dix-septième siècle un Miliote, nommé Capsi, réussit à se faire reconnoître roi de Milo, et à s'y maintenir pendant trois ans; mais il fut pris en trahison par les Turcs, qui le firent étrangler à Constantinople. Voyez les voyageurs cités plus haut; et Pline, *Hist. nat.*, l. IV, c. XXIII, l. XXXI, c. XXXI, l. XXXV, c. XIX, L, LII, l. XXXVI, c. XLII; Strabon, l. X; Thucydide, l. II et V; Plutarque, *Vies d'Alcibiade et de Lysandre*; Bochart, *Chan.*, p. 452.

cintre d'une niche carrée d'environ quatre pieds de large, qui étoit cachée par des ronces et des éboulements de terre; quelques pierres de taille qu'il rencontra, et qui sont d'une assez bonne défaite pour les constructions du pays, l'ayant engagé à fouiller plus avant, il parvint à déblayer cette niche à sept ou huit pieds au-dessous du sol; ce fut dans cet endroit qu'il trouva notre statue séparée en plusieurs morceaux, et trois petits hermès appuyés contre le mur du fonds de la niche, et mêlés à d'autres fragments. Quoique le paysan ne connût pas tout le prix de sa découverte, cependant il vit que ce qu'elle lui offroit étoit plus précieux que des pierres de taille, et craignant qu'on ne le lui enlevât, il emporta chez lui et cacha dans une étable la partie supérieure de la statue, dont il proposa aussitôt, et au prix le plus modique, l'acquisition à M. Brest, François, né en Grèce, et agent de France à Milo; celui-ci ne se fiant pas à ses connoissances, et n'osant pas faire cet achat, consulta M. Duval-d'Ailly qui, s'étant rendu avec ses officiers à Milo, vit la statue presque au moment de sa découverte, et conseilla de l'acheter. Si l'on eût suivi son avis, transporté à son bord avec précaution par les hommes de son équipage, ce précieux monument nous seroit arrivé sans aucune nouvelle dégradation, et dans l'état où il se trouvoit en sortant de terre. Pressé par M. Duval-d'Ailly, l'agent écrivit à M. le marquis de Rivière, ambassadeur du Roi à Constantinople, pour lui faire part de la découverte et lui demander ses ordres; mais la lettre passa par Smyrne, s'y arrêta, et ne parvint que long-temps après à sa destination; et l'on doit regarder comme un grand bonheur que pendant ces retards quelques voyageurs n'aient pas eu connoissance de ce trésor presque abandonné, et n'en aient pas profité.

Sur ces entrefaites M. le capitaine Gauthier relâcha à Milo, le 16 avril; M. d'Urville étant descendu à terre pour quelques excursions botaniques, apprit que l'on avoit découvert une statue dont on parloit avec éloge; il se hâta d'aller s'assurer du fait, et il vit dans l'étable la partie supérieure, et dans la niche, l'inférieure qui y avoit été laissée. Ces fragments lui parurent très beaux, et, quoique séparés l'un de l'autre, il pensa, d'après les trous d'un tenon et la disposition des draperies des deux morceaux, qu'ils appartenoient à une même figure. Quelques jours après M. d'Urville partit pour Constantinople, et fit présenter à M. le marquis de Rivière un rapport détaillé, très bien fait, et une description de la statue et des monuments trouvés par le paysan grec. D'après ces renseignements, monsieur l'ambassadeur, parmi les instructions qu'il donna à M. le vicomte de Marcellus, qui alloit visiter les Echelles et les établissements françois dans le Levant, lui recommanda de faire en son nom l'acquisition de la statue et des marbres antiques déterrés à Milo. Cette mission ne pouvoit être mieux confiée qu'à M. de Marcellus, qui y déploya tout le zèle et toute l'intelligence que l'on pouvoit desirer, et qui, à beaucoup de fermeté et de liant dans le caractère, réunissant des connoissances variées, et parlant avec facilité le grec moderne, pouvoit mieux que tout autre entrer en négociation avec les gens du pays, et écarter les obstacles qu'il pouvoit rencontrer, et qu'il rencontra en effet.

Peu s'en fallut que les intentions de M. le marquis de Rivière, et le zèle de M. le vicomte de Marcellus ne fussent trompés dans leur attente, et que la statue ne fût perdue pour la France. Après le départ de M. d'Urville, et malgré les promesses qui lui avoient été faites, ainsi qu'à l'agent françois, d'attendre la réponse de monsieur l'ambassadeur, les primats de l'île résolurent de rompre le marché entamé avec le paysan grec, et d'envoyer à

Constantinople la statue à un prince grec en grand crédit alors, et qui depuis quelque temps, soit par goût, soit par spéculation, étant assez curieux d'antiquités grecques, pouvoit savoir mauvais gré aux primats de ne lui avoir pas offert celle qu'on venoit de découvrir. Ce prince grec a été enveloppé dans le désastre de sa malheureuse famille, et ses procédés n'ayant pas été très délicats dans l'affaire dont il s'agit, je crois devoir me dispenser de le nommer. Au moment où M. de Marcellus arrivoit à Milo, le 23 mai, à bord de la goëlette l'*Estafette*, commandée par M. Robert, il eut la douleur de voir passer la statue qu'un canot transportoit, à bord d'un brick raya ou grec marchand couvert du pavillon turc. Un instant après, M. Brest s'étant rendu à bord de l'Estafette, apprit à M. de Marcellus que tous ses efforts avoient été inutiles, et que les primats avoient vendu la statue à un prêtre grec qui la faisoit partir pour Constantinople, et comptoit l'offrir en hommage au prince grec, dont il espéroit pouvoir par ce présent se ménager la bienveillance. M. de Marcellus engagea M. Robert à empêcher le brick grec d'appareiller; mais les vents étant heureusement contraires, on n'eut pas besoin de recourir à cet expédient pour différer le départ du chef-d'œuvre qu'on vouloit nous enlever.

M. de Marcellus descend à Milo, rassemble les primats, leur montre son firman, leur parle avec force de l'inconvenance de leur conduite, de leur manque de foi dans leurs engagements avec la France, du mauvais effet que cette manière d'agir devoit produire dans les relations commerciales avec Milo; il est même obligé de les menacer d'avoir recours à la force, ayant cinquante hommes d'équipage, pour maintenir un marché qu'on vouloit rompre par la force. Enfin, après une longue résistance et plusieurs pourparlers qui durèrent deux jours, et pendant lesquels le prêtre grec refusa, même avec violence, à M. de Marcellus et aux officiers de l'Estafette, de les laisser monter à bord du brick raya pour voir la statue, les primats, malgré la crainte très fondée que leur inspiroit le ressentiment du prince grec, se rendirent aux raisons de M. de Marcellus, qui se hâta de conclure le marché avec le paysan grec, et de lui donner quelques centaines de piastres turques au-delà de ce qu'il demandoit, quoique celui-ci, voyant les succès des marbres dont il étoit propriétaire, et les débats qu'ils occasionoient, eût déja beaucoup élevé ses premières prétentions.

Heureux d'être sorti vainqueur de cette lutte, et fier de la conquête qu'il venoit de faire pour la France, M. de Marcellus fit enlever du brick raya la statue, sur le prix de laquelle le prêtre grec n'avoit donné qu'un léger à-compte, qui lui fut rendu, et il la fit transporter à son bord. Il vit enfin ce chef-d'œuvre, qu'il n'avoit acheté que sur sa réputation, et dont la beauté, au-dessus de ce qu'il avoit espéré, le dédommagea de toutes ses peines. Ces morceaux précieux et les différents fragments furent cousus dans des sacs de toile, et amarrés dans l'entrepont de la goëlette avec les plus grandes précautions; ils n'ont été exposés à aucun déplacement et à aucune avarie pendant plus de quatre mois qu'ils y ont séjourné.

En sortant de la rade de Milo, le 25 mai, l'Estafette rencontra la corvette l'*Espérance*, montée par M. le baron Desrotours, commandant la division du Levant; et M. de Marcellus apprit qu'il venoit à Milo pour acheter la statue, d'après les conseils de M. Fauvel, à qui la vue d'un simple croquis avoit pour ainsi dire révélé tout le mérite de cette superbe découverte.

M. de Marcellus étoit à peine parti de Milo, que le prince grec arriva dans l'île de Siphanto. Instruit de l'importance du chef-d'œuvre qui lui étoit enlevé, il fit venir les primats, les maltraita et les condamna à une amende de 7,000 piastres; il se permit même des propos peu convenables sur les François. M. de Marcellus en ayant eu connoissance, en fit part à M. le marquis de Rivière, qui s'en plaignit au grand-visir et au divan. Le prince grec, sévèrement réprimandé, reçut l'ordre de rendre les 7,000 piastres, et il devoit à son retour être condamné à en payer 80,000. Un rescrit de la Porte, publié à Milo et dans toutes les îles de la Grèce, ordonnoit de favoriser les François dans leurs transactions et dans les acquisitions qu'ils desireroient faire de monuments antiques. Transportée à Rhodes, à Chypre, à Seyde, à Acre, à Alexandrie, la déesse y reçut les hommages des voyageurs qui parcouroient ces contrées; et retrouvant pour ainsi dire une nouvelle vie dans ces mers qui l'avoient vu naître, elle voguoit encore en triomphe et avec charme vers Rhodes, Chypre, et les lieux qui lui étoient chers.

En passant à Athènes, M. de Marcellus reçut de ses soins une douce récompense, qu'il regretta de ne pouvoir partager avec M. d'Urville; il eut un grand plaisir à montrer sa conquête au Nestor des antiquaires françois, à M. Fauvel, cet explorateur infatigable, qui, comme il le dit lui-même, est le seul débris encore debout en Orient de cette brillante ambassade de M. le comte de Choiseul, dont le nom et la mémoire se rattachent à tous les beaux monuments antiques qu'il nous a fait connoître. M. Fauvel ne put se lasser d'admirer notre statue, et il déclara n'avoir rien vu qu'on pût lui comparer depuis plus de trente ans qu'il habite Athènes et qu'il parcourt la Grèce. On a su depuis que, sur la réputation qui s'étoit répandue de la beauté de ce chef-d'œuvre, des Anglois et des Hollandois étoient partis de Malte et d'autres endroits pour Milo; mais heureusement ils arrivèrent trop tard. Quelque temps après qu'on l'eut débarqué à Marseille, M. le marquis de Rivière, qui avoit su en apprécier tout le mérite, le fit venir à Paris, et en fit hommage à Sa Majesté; noble hommage digne d'un souverain dont la main bienfaisante, effaçant chaque jour les traces de la guerre, et consolant les beaux-arts des pertes qu'elle leur a fait éprouver, leur ajoute un nouveau lustre par sa munificence, et qui, au milieu de ses soins paternels pour le bonheur de son peuple, faisant servir à l'embellissement de la France, à laquelle le ciel l'a rendu, le repos de la paix qu'elle doit à sa sagesse, fait renaître pour les arts les siècles de François Ier et de Louis XIV. Peut-être un jour une médaille consacrera-t-elle cette importante acquisition qui, en enrichissant le Musée royal de France d'un chef-d'œuvre que peuvent lui envier tous ceux de l'Europe, doit tenir une place remarquable dans l'histoire des beaux-arts de l'antiquité.

Je ne crois pas pouvoir mieux terminer ce qui a rapport à la partie historique de la découverte de notre statue qu'en faisant connoître l'état dans lequel elle est arrivée à Paris.

Cette figure a 2 mètres 38 millimètres de hauteur, 6 pieds 3 pouc. 3 lig. [1]; elle est d'un beau marbre de Paros à petits grains

(1) Si elle étoit entièrement droite, elle auroit 6 pieds 5 pouces 3 lignes : en prenant pour la hauteur de la tête deux fois la longueur d'une ligne tirée de l'angle intérieur de l'œil jusqu'au dessous du menton, l'on trouve qu'elle a 9 pouces de hauteur, l'épaisseur des cheveux et l'ouverture de la bouche ne devant pas y être comprises, et la statue a huit têtes et 0,55 de hauteur ou de proportion. La Vénus de Médicis a huit têtes et un peu plus d'un quart de proportion. La Diane à la Biche, en déduisant de sa mesure totale la hauteur de ses cheveux et de sa chaussure, l'ouverture de la bouche, a 5 pieds 11 pouces 10 lignes, et 8 têtes 0,97, bien près de 9 têtes de proportion. L'Apollon du Belvédère est exactement de la même proportion que notre Vénus; la grandeur de sa tête, en ne comptant pas le nœud qui couronne le sommet de la chevelure, et supposant la bouche fermée, est la même que celle de la Vénus de Milo; si l'on déduit de la hauteur totale du dieu celle des cheveux, l'ouverture de la bouche, et l'épaisseur de sa chaussure au talon, il n'a que

et que les sculpteurs désignent sous le nom de *grechetto*. Il a reçu du temps un ton doré très harmonieux et auquel a pu contribuer, ainsi que le pense M. Quatremère de Quincy, l'espèce de préparation, d'encaustique, *circumlitio* de Pline, dont les anciens sculpteurs se servoient pour conserver leurs ouvrages et les préserver des atteintes de l'air.

La statue étoit divisée en deux morceaux principaux qui, bien aplanis sur les faces qui se touchent, étoient réunis autrefois par un fort tenon, et dont le joint, la partageant horizontalement vers le milieu du corps, est à deux pouces sur la droite, et à cinq sur la gauche au-dessous du commencement de la masse de plis qui enveloppent la ceinture. C'est à ces deux grandes divisions qu'il convient de rapporter les fragments qui en faisoient partie.

Sans parler des groupes qu'à cause de leur grandeur, ou pour

6 pieds 5 pouces 3 lignes, ce qu'auroit la Vénus de Milo si son corps n'étoit pas un peu courbé.

Il s'est glissé une faute d'exactitude dans les mesures de l'Apollon données par M. Schweighaeuser (tom. I., pl. XV de l'excellent ouvrage sur les *Monuments antiques du Musée* dont le texte, à partir de la planche XL, est dû à M. Louis Petit Radel.) A la fin de l'article de l'Apollon du Belvédère, pag. 46, on lit: « Sans la plinthe il a 2 mètres et 1 décimètre de « haut (6 pieds 6 pouces). On a remarqué que le pied droit, quoiqu'un peu plié, étoit « plus long que le pied gauche; cette différence est de 6 millimètres et demi (3 lignes) sur « 31 centimètres et 1 millimètre (11 pouces 6 lignes). » D'abord la hauteur totale de l'Apollon, prise au-dessus du nœud de cheveux, est de 6 pieds 8 pouces 2 lignes. C'est le pied gauche qui est plié et non le droit, et ensuite celui-ci est d'un pouce plus court que le gauche, qui a été mis en proportion avec la jambe qui est d'un pouce plus longue que la droite: il y a aussi une différence de près d'un pouce et demi entre la longueur de l'épaule gauche à partir du cou et celle de l'épaule droite. Je ne chercherai pas à discuter ce qui a pu occasioner ces irrégularités dans un chef-d'œuvre d'un ordre aussi relevé, et qui les rachète par tant de beautés; et je ne fais remarquer l'inadvertance de M. Schweighaeuser que parceque son ouvrage est classique, et que son autorité pourroit induire en erreur sur les mesures et les proportions de l'Apollon du Belvédère.

plus de facilité dans l'exécution, on formoit ordinairement de plusieurs morceaux, ainsi qu'on l'a pratiqué pour le Laocoon, qui en réunit six et non trois comme on l'a imprimé dernièrement, on connoît quelques statues, mais en très petit nombre, qui ne sont pas d'un seul bloc : il n'en existe pas de ce genre dans le Musée royal; et je crois que les autres n'en peuvent guère citer. On voit dans la collection du comte de Leicester à Holkham dans le comté de Norfolk, une très belle statue de Diane qui est de deux pièces. Il me semble donc que d'après la rareté de ces exemples, qui n'offrent pas de statues au-dessous de la taille colossale, et remarquables par leur beauté, dont le corps soit fait de deux morceaux; il me semble, dis-je, que sans être *tout-à-fait étranger aux arts*, on a pu, dans le premier moment, être étonné qu'à dix ou douze lieues de Paros, et près d'autres îles si abondantes en marbre, un sculpteur habile en ait employé deux blocs pour faire une statue à laquelle il paroît avoir mis tous ses soins; et l'on peut sans s'indigner, supporter l'idée que cette circonstance dans le travail ait, au premier coup d'œil, jeté sur l'originalité de notre statue quelques doutes, qu'un examen plus approfondi doit avoir dissipés.

Quant à moi, j'avoue franchement qu'à la première inspection, et avant d'avoir pu examiner à loisir la statue, dont les morceaux, alors séparés, ne me permettoient pas encore de me rendre bien compte de tout son ensemble et de ses détails, j'avois cru que la beauté de la partie inférieure n'étoit pas en harmonie avec celle du haut du corps; et je pensois que la statue ayant été brisée dans une des révolutions qui ravagèrent Mélos, la partie inférieure s'étoit peut-être perdue, et qu'elle avoit été restituée par un sculpteur moins habile que celui à qui on devoit le reste de la figure; alors on expliquoit facilement les deux morceaux dont elle est formée. Mais après avoir vu cette figure dans son ensemble, et l'avoir considérée sous tous les rapports, je me suis convaincu facilement que la partie inférieure étoit d'accord avec la supérieure, et que les draperies, d'un style large et d'un bon travail, étoient, ainsi que le pied, très beau de forme, de la même main que le haut du corps; enfin que cette statue, par une raison quelconque, avoit été faite de deux pièces, quoique les exemples de cette manière d'opérer par assemblage soient rares, ainsi que nous l'avons dit, dans des statues au-dessous de la taille colossale. L'on sait bien que dans les premiers temps de l'art en Grèce, et sur-tout en Egypte, lorsque la sculpture ne procédant que d'après des mesures et des types donnés, et offrant plutôt des emblêmes que des représentations fidèles de la nature, travailloit pour ainsi dire mathématiquement, et qu'une statue formée de lignes droites, ressembloit à une figure de géométrie : l'on sait, dis-je, et l'on comprend qu'un sculpteur, et même que plusieurs, se réglant d'après une espèce de patron, comme les maçons dans leur appareil de pierres, ont pu travailler séparément, et même éloignés les uns des autres, les diverses parties d'une statue, qui pouvoient très bien s'ajuster les unes avec les autres. En voyant celles de l'Egypte en général, et leurs formes droites, carrées, sans mouvement, on sent que l'on pourroit en établir le plan à différentes hauteurs; et s'il étoit tracé et cotté avec soin, on reproduiroit les mêmes figures avec une exactitude assez rigoureuse. Mais je ne pense pas que l'on puisse supposer qu'un statuaire grec du bon temps de l'art ait pu ou voulu opérer ainsi, et qu'il ait mis aux points, et exécuté séparément les deux parties d'une statue, qui, n'étant pas colossale, pouvoit se manier facilement; car dans ce que je viens de dire, on croira aisément que je n'ai pas pu comprendre les colosses ou les statues d'or et d'ivoire, et les ouvrages de bronze d'une certaine époque, qui s'exécutoient par des procédés différents de la statuaire en marbre, et pour lesquelles on étoit obligé d'avoir recours aux assemblages. Notre statuaire aura réuni deux blocs, et les aura travaillés comme si son ouvrage eût été d'une seule pièce.

Malgré l'opinion de quelques personnes qui pensent que ce que nous possédons de la sculpture des anciens, suffit pour classer et déterminer, d'après leur style, les productions des différentes époques des écoles qui ont illustré la Grèce pendant plusieurs siècles, je ne puis m'empêcher de croire avec des hommes dont la sagacité égale le savoir, et à qui aucun des monuments antiques n'est étranger, que ce qui est venu jusqu'à nous des ouvrages des beaux-arts de l'antiquité, doit être très peu de chose auprès de ce qui ne nous est pas parvenu. Que de chefs-d'œuvre ne nous sont connus, et même imparfaitement, que par les descriptions de Pline et de Pausanias; et il étoit sorti des ateliers de Praxitèle et de Lysippe plus de statues que n'en offrent toutes les collections de l'Europe. La plus grande partie de celles qui ont eu le plus de célébrité étoit en bronze, en or et en ivoire. Que nous en reste-t-il? Rien des unes, et presque rien des autres. Les sculptures du Parthénon sont de beaux morceaux de l'école de Phidias; mais n'étant pas de lui, elles ne peuvent nous donner une idée exacte de son propre travail; et si Alcamène les a dirigées sous la surveillance de son maître, ainsi qu'on le pense, on ne pourroit pas même assurer qu'il y ait mis la main. On voit évidemment, sur-tout dans les métopes et dans les bas-reliefs de la Cella, qu'un grand nombre d'artistes, et de mérites bien différents, y ont travaillé; et ces ouvrages, dont la première idée peut être de Phidias, n'ont été exécutés que comme sculpture monumentale, et propre à l'architecture. Nous les admirons à juste titre comme ce que nous possédons de plus certain pour l'époque et le lieu, de plus grand, de plus beau, et de plus près de la nature parfaite, moins encore par la correction du dessin que par le sentiment qui les anime; mais que seroit-ce si tout-à-coup quelques uns des chefs-d'œuvre de Phidias, d'Alcamène, de Polyclète ou de Praxitèle, et de tant d'autres sculpteurs admirés de l'antiquité, pouvoient paroître à nos yeux, et nous dévoilant d'une manière positive les caractères qui distinguoient entre elles les écoles d'Athènes, de Sicyone et d'Ionie, nous faisoient connoître les divers degrés de perfection auxquels elles étoient parvenues dans les différentes époques de leur brillante carrière, et nous révéloient les merveilles du siècle de Périclès ou d'Alexandre-le-Grand?

Il paroît donc que nous sommes malheureusement loin d'être assez riches en statues antiques pour pouvoir porter un jugement positif et irréfragable sur les styles des différentes époques et des diverses écoles; il y a trop de lacunes dans la chaîne qui les unissoit, pour réussir à en rassembler tous les anneaux. Et c'est bien autre chose encore lorsqu'entrant dans les détails, l'on prétend décider à quel grand maître l'on doit attribuer tel ou tel ouvrage; ce sont de ces points sur lesquels, ce me semble, nous ne pouvons avoir que des données très vagues, et qui n'offrent pas la solution de nos incertitudes; et peut-être n'y a-t-il personne à qui il soit permis d'être assez *hardi* pour affirmer qu'un ouvrage antique est de Praxitèle ou de tel autre maître, lorsqu'on voit avec quelle circonspection M. Visconti et M. Quatremère de Quincy présentent leurs opinions sur de pareilles matières. On est souvent embarrassé de décider entre des artistes modernes dont la manière doit nous être plus familière; qu'est-ce donc lorsqu'il s'agit des chefs-d'œuvre des maîtres de l'antiquité, que nous ne connoissons que par les écrits souvent très obscurs des auteurs anciens, qui avouent eux-mêmes que plus d'une fois ils ont confondu les ouvrages d'un artiste avec ceux d'un autre? L'indécision s'accroît encore lorsque l'on pense que les noms des auteurs de chefs-d'œuvre que nous mettons au premier rang, tels que ceux du Torse du Belvédère, du Héros combattant (Gladiateur Borghèse), ne se trouvent pas dans les auteurs anciens, et que nos plus belles statues, l'Apollon du Belvédère, la Diane de Versailles, le Mercure du Capitole, et tant d'autres, nous sont parvenues sans qu'on sache à qui on les doit, ni même l'époque qui les ont vu naître, et sans même que l'on puisse en trouver les sujets indiqués d'une manière vraisemblable dans les auteurs anciens. C'est donc avec raison que l'on s'estime heureux lorsqu'il est à présumer qu'une statue est une copie antique exécutée par une main habile d'après un original célèbre.

On parle souvent d'originalité au sujet des plus beaux restes de l'antiquité. C'est un grand mot, très imposant; mais y attache-t-on bien toute sa valeur? Si on entend par *originalité* la première exécution d'un sujet par un artiste qui n'en a trouvé que dans son imagination la première pensée et la manière de la rendre sans avoir recours à d'autres ouvrages antérieurs, il est bien difficile alors d'établir l'originalité, ce caractère, que le génie sait empreindre à ses productions, et qu'il ne doit qu'à ses inspirations, vu le nombre prodigieux des mêmes sujets qui semblent avoir été le patrimoine des beaux-arts, et qui ayant été traités par une foule d'artistes dont les ouvrages pour la plupart n'existent plus, ne nous ont pas laissé de termes de comparaison, et ne nous fournissent pas les moyens de remonter jusqu'au véritable original. La beauté d'une statue supérieure même à celle de toutes les autres qui présentent le même sujet, ne nous autorise pas à la croire cet original, puisque celles qui offroient le même type nous manquent. En effet, quelque beau que soit l'Apollon Saurochtone, et fût-il même la plus belle statue qui existât, il ne pourroit pas être regardé comme l'original fait par Praxitèle, puisque Pline nous apprend qu'il étoit en bronze, et que le nôtre est en marbre. Ainsi la beauté, le style, le travail, sont pour des yeux exercés des preuves non équivoques de l'antiquité d'une statue, et peuvent même, avec quelque raison, et d'après des analogies avec des ouvrages d'une date certaine, la faire placer à une époque plutôt qu'à une autre : mais ce n'est point une preuve positive de son originalité dans le sens où nous venons de l'entendre.

Il me semble d'ailleurs qu'il est difficile de contester qu'il n'en est pas des caractères de l'originalité en sculpture comme de celle de la peinture, qui, par la nature de ses procédés et des matières qu'elle emploie, peut se livrer avec facilité et même avec fougue, dans les productions de son génie, à toute la verve de ses pensées : alors, quelque habile que soit le copiste, enchaîné par les entraves de l'imitation, ayant même à combattre sa propre inspiration, ou celle qu'il doit à son modèle, il se décèlera, soit par la timidité ou la hardiesse de sa touche, par ses négligences, et même par plus de correction ; et cependant souvent les connoisseurs les plus habiles s'y trompent.

Mais il n'en est pas de même de l'imitation ou de la copie en sculpture : quand on connoît les procédés pénibles, la marche lente et presque géométrique de cet art, du moins dans la plus grande partie de son travail, on sent que ces expressions de *touche facile*, de *faire hardi*, de *timidité de copiste*, n'ont plus la même valeur que dans la peinture. Il est bien entendu qu'il est question d'un sculpteur de talent qui voudroit répéter l'ouvrage d'un autre habile maître. Le marbre dur et revêche ne se prêtant pas avec la même complaisance que la couleur et le pinceau à l'impulsion, et pour ainsi dire aux volontés de la main, ce n'est qu'avec calme, et une patience qui exclut toute espèce de fougue, que l'on peut lui donner du sentiment; et l'on sait combien de temps il en coûte au sculpteur pour rendre ce qui paroît exprimé avec feu, et qui ne demanderoit qu'un coup de pinceau pour naître sous la main du peintre, et avec quelle timidité et quelle précaution son ciseau produit ce que l'on croiroit des hardiesses.

Les siècles ne voient paroître que bien rarement de ces sculpteurs que la nature, prodigue de ses faveurs, ait doués d'une assez grande puissance de génie, d'un savoir assez consommé, et d'une hardiesse de main assez sûre, pour oser ce que l'on rapporte de Michel-Ange, qui, sans modèle préparatoire, faisoit naître sous son ciseau la statue que son imagination voyoit renfermée dans un bloc de marbre, et qu'il délivroit pour ainsi dire de ses entraves. De pareils ouvrages, créés avec une si prodigieuse facilité d'exécution, offriroient sans doute des touches d'une hardiesse et d'une fierté de *faire* difficile, et même impossible à imiter, et dont la copie, se trahissant par la contrainte de l'imitation, laisseroit à découvert tous les efforts vainement employés pour rendre cette liberté de main. Mais il n'en est pas ainsi des ouvrages de sculpture en général, sur-tout de celle en marbre: une statue originale de cette substance n'est déja, pour ainsi dire, qu'une imitation d'un premier modèle en terre ou en plâtre; et quel que soit le talent d'un sculpteur, ce ne sera qu'avec beaucoup de peine qu'il parviendra à reproduire la souplesse et la touche facile de son premier modèle, formé d'une matière qui obéit plus facilement que le marbre à la main qui la travaille.

Le copiste habile n'a donc pas besoin pour la sculpture d'autant de talent que pour la peinture : les obstacles pour approcher de son original sont d'autant moins grands, que celui-ci a été produit avec plus de peine et moins de liberté d'exécution. Si en terminant sa copie il n'y met pas toutes ces perfections qui tiennent au sentiment et à la délicatesse de la main, il peut cependant parvenir à faire illusion, sur-tout si, comme il arrive pour les ouvrages de l'antiquité, cet original ayant disparu, ne peut pas servir à établir le parallèle. Il devient alors très difficile, si ce n'est impossible, de décider sur l'originalité, d'autant plus que les ouvrages anciens (je parle des Grecs, qui ont servi de modèles aux Romains), traités d'après un même système, un même esprit, un goût assez généralement suivi, ont entre eux de grands rapports dans le style et dans le travail, malgré les différents degrés de beauté. Et n'est-ce pas à ces divers degrés de beauté que nous devons nous attacher pour les admirer, et nous pénétrer de leur esprit, sans prétendre assigner ces chefs-d'œuvre à tel ou à tel maître, qui nous trouveroit peut-être très hardis d'oser décider ce qu'il n'auroit pas hasardé pour ses contemporains? Car parmi les statues antiques, que de chefs-d'œuvre entre celles qui sont évidemment des copies ou des répétitions, et que d'ouvrages médiocres, qui peut-être sont des originaux, qu'on n'a pas trouvés dignes d'être répétés! Et ne pourroit-il même pas y avoir des copies supérieures à leurs originaux, lorsque ceux-ci, n'ayant que le mérite de l'invention et de la pose, ont été copiés ou reproduits par des maîtres plus habiles que ceux dont ils ont embelli plutôt qu'imité la pensée?

Mais revenons à l'état de notre statue en reconnoissant que les deux blocs dont elle est formée ne décident ni pour ni contre dans la question de son originalité. La tête n'a jamais été séparée du corps, ce qui est rare dans les statues antiques; le nœud de cheveux s'étoit détaché, et peut-être récemment, il a été facile de le replacer; le nez a été cassé, et avoit perdu environ deux cinquièmes de sa longueur; mais les narines existent, et les nez grecs variant peu de forme, on peut aisément le rétablir. Le menton et la lèvre inférieure n'ont éprouvé que de légères égratignures; et le reste de la tête seroit intact si les lobes des oreilles n'avoient pas été brisés, sans doute pour en arracher les boucles d'oreilles en or ou en pierres précieuses qui y étoient suspendues, ainsi qu'on le pratiquoit souvent aux têtes de plusieurs divinités, et dont on voit encore les traces. La poitrine et le devant du corps n'ont presque pas souffert des ravages du temps: ils ont en grande partie conservé le velouté de la peau et la fraîcheur du travail de l'outil. Par-ci par-là quelques légères lésions ne sont dues qu'à des coups de pioche donnés dans la fouille faite sans précaution, et qui ont aussi enlevé l'extrémité du sein gauche. Les épaules ont été plus endommagées que le reste; les traces des cordes, dont on avoit lié la statue, et qui avoient sali le marbre, indiquoient qu'elle avoit été traînée le long du rivage pour la conduire à bord du bâtiment grec : et c'est dans ce fatal trajet que les épaules et quelques parties du dos et des hanches ont été froissées; le marbre a même été étonné et enlevé, sur chaque épaule, dans une largeur de quelques doigts.

Mais le tort le plus grave qu'ait éprouvé notre statue, c'est la perte d'une partie de ses bras, perte qui met et mettra longtemps et peut-être toujours à la torture les antiquaires et les artistes, dont l'imagination cherchera, d'après ce qui reste de ces bras, à restituer ce qui leur manque; le droit ne s'est conservé que depuis l'épaule jusqu'à quelques pouces au-dessus du coude; et ce ne doit être que dans des temps barbares que l'on a pu songer à y ajuster un bras informe trouvé avec la statue. Cependant comme il n'y a à la partie antique aucun indice ni de tenon ni de scellement, et que la cassure en est nette, il est très probable que la restauration n'en a jamais été exécutée.

On croyoit que le bras gauche manquoit en entier; mais en passant à Milo pour s'assurer par lui-même de tout ce qui avoit rapport à sa statue, et aux localités qui pouvoient faire concevoir l'espoir de quelques nouvelles découvertes soit de débris appartenants à la Vénus, soit d'autres monuments, M. le marquis de Rivière a fait faire de nouvelles recherches, et l'on a heureusement trouvé les fragments d'un bras et d'une main, qu'à la qualité du marbre, au travail, on peut croire avoir appartenu à notre Vénus; et l'on voit par les trous du tenon et par l'arrachement, que le bras y avoit été fixé. Ce morceau comprend une partie du biceps, et jusqu'à deux lignes au-delà de la saignée; mais l'épaule, à l'endroit de son attache, a été brisée; et c'est même ce qui a empêché jusqu'à présent de remettre en place ce fragment, qui ne peut s'adapter qu'en rétablissant ce qui manque à l'épaule.

Puisque cette statue a été faite de deux blocs, il me paroît facile d'expliquer pourquoi dès l'origine ce bras n'étoit pas du même morceau que le corps : en supposant, comme cela est probable, les deux blocs carrés et de la même grosseur, on verra que l'à-plomb de l'épaule gauche est dans la même ligne, ou à-peu-près, que le dehors de gauche de la partie inférieure: alors il étoit indispensable que le bras fût ajouté, étant par sa position en dehors de cet à-plomb, ce qui n'a pas eu lieu pour le bras droit. Ces observations de détails, qui peuvent paroître minutieuses, sont nécessaires pour aider dans les idées que l'on pourroit se former sur la direction de ce bras.

Au-dessus de la hanche droite et à la hauteur du coude on voit un trou d'un pouce et demi environ en carré sur deux de profondeur; il n'est pas douteux que ce trou n'ait été destiné, car peut-être n'a-t-il pas servi, à y mettre un tenon pour soutenir l'avant-bras, lors d'une des restaurations maladroites qu'on en voulut faire à une époque que l'on ne sauroit déterminer, mais qui tient probablement aux temps où les arts étoient en décadence ou tout-à-fait déchus.

Si nous passons à la partie inférieure de la statue, quoiqu'au premier aspect elle paroisse très dégradée, nous verrons qu'elle a moins souffert que l'autre; que les grandes masses des plis existent en partie, et qu'il n'y manque que quelques détails, qu'une main adroite et familiarisée avec les draperies antiques peut facilement réparer; il s'étoit détaché de la hanche droite et de la gauche une partie des plis qui les recouvrent, et on les y a rajustés sans difficulté. Mais il y a du côté droit un morceau assez considérable, dressé sur toutes ses faces, et qui s'encastre de niveau entre la partie supérieure et l'inférieure, jusqu'au tenon qui les assujettissoit. J'ai entendu dire que l'on avoit peut-être ménagé ce vide pour pouvoir plus facilement couler du plomb dans le trou du tenon et le sceller; on auroit ensuite fermé ce vide avec ce morceau. Mais il ne me semble pas probable que l'on ait été assez maladroit pour avoir recours à une pareille opération, lorsqu'il étoit bien plus simple d'enlever la partie supérieure, d'y placer le tenon, et, après avoir préparé le trou, d'y couler le plomb, et de laisser descendre le bloc pour le sceller. Il me paroît donc très naturel de croire qu'une partie de la hanche droite, ayant été cassée et perdue, ou trop divisée pour être bien rajustée, on l'a restaurée en y adaptant un autre morceau. Le marbre ne contient pas assez d'humidité pour que l'on ait cru nécessaire de ménager des évents pour prévenir les effets de la vaporisation; et l'on voit que l'on n'est pas obligé de prendre cette précaution pour sceller avec du plomb des pièces de fer dans des pierres moins sèches que le marbre : quant aux bavures du métal qui eussent pu rester entre les deux blocs, il étoit facile de les éviter en ne coulant que ce qu'il falloit de plomb pour sceller le tenon à l'endroit évidé, sans en dépasser les bords.

Le pied droit, qui est très beau, n'a perdu que l'extrémité du pouce. Parmi les fragments trouvés avec la statue il y avoit un pied gauche d'un très bon travail, et qui a appartenu à une autre figure : on ne conçoit même pas que l'on ait jamais cherché à l'adapter à notre statue, car il est d'une plus petite proportion, et il est chaussé d'une sandale, tandis que le pied droit est nu.

La plinthe brisée avoit été restaurée avec un morceau de marbre d'un grain un peu plus gros, et qui porte une inscription. On verra dans un autre endroit ce que je pense de cette inscription, et que je ne puis adopter l'opinion de M. Quatremère de Quincy, qui la regarde comme insignifiante. Il est très possible et même probable que je me trompe en m'écartant de l'avis d'un homme tel que l'auteur du *Jupiter Olympien*, que depuis long-temps je suis habitué à suivre comme un guide sûr dans la carrière des beaux-arts et de l'antiquité; mais il me paroît prouvé, presque mathématiquement, que cette inscription est très importante, et nous y reviendrons.

Des trois hermès de petite proportion découverts avec notre

Vénus, le plus petit est un Mercure, les deux autres sont Hercule jeune et Bacchus indien; le caractère et le travail en sont bons; et, quoiqu'en assez mauvais état, ils ne sont pas sans mérite. Les trous carrés pratiqués de chaque côté des gaines de ces hermès, à environ trois pieds de terre, indiquent qu'ils ont servi d'ornements et de supports à une berrière, ainsi qu'on le voit dans des monuments et des peintures antiques; vers le milieu de leur hauteur, des traces témoignent qu'on y avoit figuré en bronze les signes de leur sexe. Ces hermès semblent d'ailleurs avoir rapport à une inscription en grands et beaux caractères, que l'on a trouvée sur une dalle épaisse de marbre, que ses dimensions pourroient faire croire avoir été placée au-dessus de la niche; elle est en dialecte dorique; il y est question d'Hercule et de Mercure; la voici telle que M. d'Urville me l'a communiquée, et telle qu'il la rapporte dans sa notice sur l'expédition de M. Gauthier. M. Marcellus et d'autres l'ont copiée de la même manière:

. ΑΚΧΕΟΣΑΤΙΟΥΥΠΟΓΥ . . . . ΑΣ
ΤΑΝΤΕΕΞΕΔΡΑΝΚΑΙΤΟ. . . . . .
ΕΡΜΑΙΗΡΑΚΛΕΙ

Ne voulant pas entrer en discussion sur cette inscription qui n'a pas de rapport direct à notre sujet, je me contenterai de dire qu'on pourroit la restituer en partie ainsi:

ΒΑΚΧΕΟΣ ΑΤΙΟΥ ΥΠΟΓΥΜΝΑΣΙΑΡΧΗΣΑΣ
ΤΑΝ ΤΕ ΕΞΕΔΡΑΝ ΚΑΙ ΤΟΝ ΠΡΟΝΑΟΝ
ΕΡΜΑΙ ΗΡΑΚΛΕΙ

Bacchéus, fils d'Atius, après avoir été sous-gymnasiarque, (*a fait, rétabli ou consacré*), l'exèdre et le *pronaos* en l'honneur de Mercure et d'Hercule[1]. Si l'on étoit sûr à n'en pouvoir douter que cette statue, ces hermès, cette inscription, eussent été toujours à la même place, on en pourroit tirer quelque induction, et rechercher ce que pouvoient être cette exèdre et l'édifice dont elle faisoit partie; on regretteroit que l'on n'ait pas examiné scrupuleusement la muraille, et si quelque arrachement, quelque reste ne donneroient pas des indications qui pussent faire connoître la forme du bâtiment dont la niche faisoit peut-être le fond; et l'on pourroit penser que la

(1) Si le premier mot étoit celui que je suppose, il devroit être écrit ΒΑΚΧΕΙΟΣ, Bacchius. On le trouve ainsi dans plusieurs inscriptions. Et ne se pourroit-il pas que ce fût une faute de l'ouvrier qui a gravé les lettres? Ces fautes ne sont pas rares dans les inscriptions, où souvent des lettres sont oubliées ou mises les unes pour les autres. La restitution ΤΟΝ ΠΡΟΝΑΟΝ n'est pas positive, et on trouveroit d'autres parties d'un temple ou d'un édifice qui peuvent avoir été rétablies ou consacrées aussi bien que le pronaos ou l'entrée, telles que le *péristyle*, qui, à ce qu'il paroît, étoit ordinairement près de l'exèdre, salle ou endroit souvent à découvert, entouré de siéges, et qui servoit à des réunions. Mais rien aussi ne s'oppose à ce que ce soit le pronaos, ainsi qu'on le voit dans une inscription latine de Gruter, p. 172-3, où on lit: EXSEDRAM ET PRONAON.

Ces hermès carrés remontoient à l'origine de la sculpture, et rappeloient le temps où de simples poteaux de bois ou des blocs de pierre grossièrement équarris servoient à représenter les dieux. Il est même à croire que Mercure ou Hermès fut une des premières divinités que les Grecs offrirent sous cette forme, puisque l'on a quelquefois employé le mot d'*hermoglyphique*, l'art de faire des hermès, pour désigner la sculpture en général. On plaçoit ordinairement à l'entrée des gymnases et des palestres auxquels présidoit Mercure sous le titre d'*Enagonios* (voyez l'hermès du Musée, n° 93), de ces figures terminées en gaines, que les Athéniens surnommoient *acôloi* ou sans pieds, lorsqu'elles n'étoient composées que d'une tête sur un cippe alongé et carré, tandis que d'autres avoient des pieds, ainsi qu'on le voit à l'Herméracle du Musée royal, n° 209. Ces figures, dans les stades, servoient de bornes qui fixoient le point de départ pour les courses. On y attachoit des cordes, *balbides*, qui, en tombant, donnoient aux athlètes le signal de s'élancer dans la carrière. Hercule, fondateur des jeux olympiques, et à qui ces brillantes solennités devoient plusieurs exercices athlétiques, méritoit bien d'être placé dans les stades et dans les palestres, et en le représentant en Hermès ou avec les caractères de Mercure, l'on excitoit les athlètes à suivre leurs traces, et à réunir le courage, l'adresse, la force, et l'agilité.

statue, placée dans l'endroit le plus apparent, en étoit le plus bel ornement. Mais comment établir les moindres conjectures avec quelque apparence de raison, lorsqu'on sait à combien de révolutions, à combien de bouleversements l'île de Milo a été en proie dès les temps anciens. Cette statue a-t-elle été faite à Milo, que rien n'annonce avoir brillé dans les arts; d'où y est-elle venue, et à quelle époque? où avoit-elle d'abord été placée, et quels sont les changements de lieu et de destination qu'elle a pu subir? depuis quand étoit-elle dans cette niche? étoit-ce son ancienne place? ce n'est pas probable. Ou bien, après avoir brillé du plus bel éclat, y a-t-elle été cachée, ensevelie, dans quelques troubles, avec d'autres débris confus de l'antiquité? et connoît-on toutes les chances auxquelles elle a été exposée, lorsqu'aux treizième et quatorzième siècles Milo faisoit partie du duché de Naxie, à des époques où les restes de l'antiquité attiroient si peu les regards, qu'on les employoit comme de vils matériaux dans la construction des murailles? Le terrain qui la receloit étoit-il vierge? et ne peut-elle pas y avoir été enfouie il y a peu d'années? Voilà bien des questions que l'on peut adresser à l'antiquaire, et auxquelles il lui est impossible de répondre d'une manière satisfaisante.

D'après les renseignements que j'ai pris sur cette niche, je suis loin d'être persuadé qu'elle soit antique. On y trouve encore çà et là des traces d'un enduit rouge, et des restes de guirlandes grossièrement peintes, et telles qu'on en voit dans beaucoup d'églises grecques du moyen âge. En réfléchissant à tous les rôles qu'à de certaines époques l'on a fait jouer aux statues antiques, on ne seroit pas étonné que la déesse de la beauté, changeant de nom et de costume, revêtue d'une robe brillante, couronnée de fleurs, eût reçu sous les attributs de quelque sainte, de la *panagia*, les hommages des chrétiens peu éclairés de Milo dans les siècles d'ignorance, et qu'elle eût vu leur encens fumer à ses pieds dans cette niche qui pouvoit faire partie d'une chapelle, comme elle l'avoit reçu jadis dans son temple sous le règne des divinités de l'Olympe [1].

(1) Il est fâcheux que la fouille qui a enlevé à la terre cette belle statue n'ait pas été faite plus en règle, et qu'on n'ait pas observé si la disposition des couches du terrain indiquoit qu'elle y étoit depuis un grand nombre de siècles, ou si par leur désordre elles attestoient qu'elles avoient été remuées. Les antiquités ont souvent subi plus d'une révolution, et elles nous parviendroient en meilleur état, si la terre eût pu les conserver jusqu'à nous telles qu'elle les avoit reçues. Pour peu que l'on ait vu Pompéi, et que l'on ait suivi ses intéressantes fouilles, on sait que les terreins qui paroissent les plus intacts à la superficie, et les plus vierges, pour se servir d'une expression consacrée dans les fouilles, offrent souvent par le désordre de leurs couches, lorsqu'on arrive à une certaine profondeur, des preuves positives qu'elles ont déja été fouillées, et conservant alors peu d'espoir d'y faire quelque découverte, l'on sait mauvais gré à l'antiquité d'avoir ainsi dérobé à sa postérité une partie de ses plaisirs. Il est donc possible que cette statue ait été connue du temps des ducs de Naxie, et qu'elle ait alors souffert sous plus d'un rapport.

En contemplant notre belle Vénus, on se transporte aux temps des Jules II, des Léon X, à des époques où chaque jour étoit marqué par quelque nouvelle découverte de chefs-d'œuvre de l'antiquité; on eût dit que, prévenant les vœux des artistes et des antiquaires, elle s'empressoit de sortir de son tombeau pour s'offrir à l'admiration du monde, et opérer la plus heureuse révolution dans les arts. Quel plaisir ne durent pas faire éprouver à ceux qui les rendirent à la lumière, l'Apollon du Belvédère, le Torse, la Vénus de Médicis, le Laocoon, tout ce peuple de statues, et toutes ces belles productions des arts! Et ce siècle de découvertes ne pourroit-il pas renaître, et briller d'un nouvel éclat? Que de recherches ne reste-t-il pas à faire dans une foule de lieux de la Grèce et de l'Orient, où l'on n'a jamais essayé de fouiller, et qui doivent nous conserver des trésors! Quoique dépouillée par les Romains, ravagée par les barbares de tous les temps et de tous les pays, la Grèce est encore riche en chefs-d'œuvre, son sol est inépuisable, ils semblent y croître spontanément; et si tout-à-coup les merveilles de l'art qu'il recèle en son sein, secouant leur poussière, se levoient et paroissoient à nos yeux, nous serions peut-être honteux de nous vanter de nos richesses.

Il seroit bien à desirer que les bâtiments de Sa Majesté, en croisière ou en station dans la Méditerranée, prissent à leur bord, et comme lest, les blocs de marbre statuaire, les tronçons de colonnes, qu'on trouve en si grande quantité, et près du rivage de la mer,

Quelques personnes trouveront peut-être qu'il y a trop de hardiesse à proclamer une Vénus cette statue, que les uns supposent une Muse, d'autres une Némésis, une Sapho, ou tout autre personnage. Mais qu'on la considère avec soin, ou même que l'on s'abandonne à sa première impression, et qu'on juge si la forme, l'expression de ses yeux, si son costume, et tout son ensemble, ne donnent pas l'idée de cette déesse, avec les mêmes caractères que nous offrent d'autres statues, des pierres gravées, des bas-reliefs, et que ne changent pas de légères modifications; que l'on dise s'il est quelque autre divinité à laquelle ils puissent mieux convenir. Il faudroit rejeter toutes les notions que les anciens nous ont transmises sur Némésis et sur les Muses pour pouvoir regarder une figure à demi nue comme la représentation de l'une des chastes sœurs. Et si la Némésis d'Agoracrite, élève de Phidias, avoit d'abord été une Vénus, il est probable, sans entrer dans les détails de critique sur ce point parfaitement discuté par M. Quatremère de Quincy, dans son Jupiter Olympien, il est probable qu'à l'époque de Phidias, Vénus, ainsi que toutes les autres déesses, étoient encore représentées vêtues. Il est même à remarquer que l'on ne voit aucune figure de femme nue dans les bas-reliefs du Parthénon, du temple de Thésée, et des anciens monuments d'Athènes; et Vénus est entièrement drapée dans les bas-reliefs du bel autel des douze dieux du Musée royal, n° 378. Les trois Graces, les compagnes inséparables de Vénus, n'étoient-elles pas vêtues dans le groupe qu'en fit Socrate,

dans quelques îles désertes de l'Archipel, telles que Délos, Rhénée, au cap Sunium, et dans tant d'autres endroits. Ces marbres seroient d'une grande ressource pour la restauration des statues ou des bas-reliefs antiques: acquis sans frais et apportés par les bâtiments du roi, ils coûteroient moins que ceux que nous tirons d'Italie; et peut-être parmi les ruines qui fourniroient ces marbres, découvriroit-on quelquefois des morceaux d'architecture, des inscriptions ou des fragments précieux de statues et de bas-reliefs.

qui fut sculpteur avant de se consacrer à la philosophie? Elles le sont aussi dans les bas-reliefs que nous venons de citer.

Si l'ajustement des cheveux de notre statue n'offre pas cette touffe élégante qui orne la tête de la Vénus de Médicis, de celle du Capitole, et des figures faites d'après le même type, on peut croire que le genre de coiffure de la Vénus de Milo, qui ressemble à celle des Niobés, tient à une époque ancienne, et on la voit à des têtes qui sont incontestablement celles de Vénus, telles que la belle tête du Musée royal, sous le n° 59, que M. Visconti, dont on doit plus que jamais regretter la perte dans cette occasion-ci, a prouvé avoir appartenu, ainsi que celle du Vatican et une Vénus du même Musée, à des répétitions de celle de Cnide. Par ses proportions, ses traits, et l'agencement de sa chevelure, qui ne diffère que par un tour de plus de la bandelette, elle offre les plus grands rapports avec la tête de notre belle déesse, quoiqu'on puisse lui trouver une expression plus douce dans l'ensemble de ses traits[1].

Si un peu de gravité, de sévérité, et même de dédain dans la bouche, a fait penser à quelques personnes que ce n'étoit pas une Vénus, elles n'ont peut-être pas réfléchi qu'à certaines époques de l'art, la beauté étoit grave, et avoit moins de cette grace dont sont empreints tous les traits de la Vénus de Médicis, qu'on ne retrouve pas dans celle d'Arles, l'une des plus belles connues, et certainement d'un style plus ancien que la Vénus de Médicis; et on chercheroit vainement le caractère de celle-ci et dans des bas-reliefs très anciens, et dans l'admirable statue de la Vénus de Capoue du Musée de Naples, dont la beauté est d'un caractère sévère. Et d'ailleurs la mère de Cupidon n'a-

(1) Voyez la planche II de cette notice, n° 2 et 6.

voit pas toujours le sourire sur les lèvres : sensible aux hommages, à l'amour, elle ne l'étoit pas moins à l'offense ; ses regards, l'expression de sa bouche divine, devoient être bien différents lorsqu'elle abandonnoit Cythère pour Mars et pour Adonis ; quand elle craignoit pour les jours du fils de Myrrha, ou déploroit sa perte ; lorsqu'elle fut blessée par Diomède, ou qu'elle s'indignoit que Junon et Minerve osassent lui disputer le prix de la beauté. Les artistes anciens ne se faisoient pas de la grace et de la coquetterie que dut déployer la déesse dans cette lutte qui devoit décider de l'empire de ses charmes, la même idée que ceux qui les ont suivis, et qui ont adouci ce que leur style avoit de trop sévère. Il est d'ailleurs très possible que cette tête ait éprouvé de légères altérations ; quelques irrégularités dans le coin gauche de la bouche et dans la joue, du même côté, pourroient le faire soupçonner ; et malgré sa beauté on n'oseroit pas affirmer qu'elle est au-dessus de plusieurs têtes que nous possédons.

Quelques personnes pensent aussi que cette statue pourroit être une nymphe ; mais il me semble que ces divinités d'un ordre inférieur sont toujours représentées ou assises ou couchées, et qu'on ne leur voit pas le caractère de tête qu'offre celle de notre statue, et dont le type consacré, comme celui de toutes les divinités chez les anciens, se retrouve, à de légères différences près, dans la plupart des têtes de Vénus.

Quant à Sapho, je ne vois pas ce qui pourroit autoriser le moins du monde à la reconnoître dans notre statue ; et si l'on ne trouve pas assez d'idéal dans la beauté de la tête, j'aimerois encore mieux suivre le parti de ceux qui prétendent y voir une Phrynée : car ce seroit encore une Vénus, puisque ce fut l'amour qu'elle inspira à Praxitèle et à Apelle qui fit naître sous le pinceau de l'un la Vénus Anadyomène, et sous le ciseau de l'autre la Vénus de Cnide. Je suis, au reste, très loin de me ranger du côté d'aucune de ces opinions, et je ne puis reconnoître que Vénus dans notre belle statue.

Parmi les surnoms presque innombrables sous lesquels étoit adorée la déesse, qui, de même qu'Isis, auroit pu à juste titre prendre celui de Myrionyme (aux dix mille noms), quel est celui qui paroît convenir à notre Vénus ? Il est incontestable que nous devons ce chef-d'œuvre à un artiste grec du meilleur temps ; et cette certitude ne permet pas de supposer qu'elle ait pu représenter la Vénus Génétrix, dont le culte et le nom, invention romaine, ne datent que de l'époque de Jules César. Sans passer en revue tous les autres caractères de Vénus, nous nous arrêterons à celui de *Nicéphore*, *Victrix*, Victorieuse, attesté par les auteurs, les monuments, les médailles, et sous lequel la déesse avoit des temples en Grèce et à Rome, où tantôt elle étoit représentée ne tenant à la main que la pomme, trophée de sa victoire sur les déesses ses rivales, et tantôt on la voyoit armée de la cuirasse, du bouclier, ayant dans la main droite un casque ou une statue de la victoire, et dans la gauche une pique [1]. Mais ici ce n'est pas cette Vénus Victrix qui se revêt des armes qu'elle a forcé Mars de lui rendre, c'est la Déesse de la beauté qui n'a recours qu'à ses charmes pour triompher de Mars et de tous les dieux. Laissant tomber en partie sa draperie, elle découvre à l'heureux Pâris des trésors plus précieux à ses yeux que la sagesse que lui promet Minerve, et que les richesses, les honneurs que lui offre Junon ; le prix lui est adjugé, et Cythérée vient de mériter sur la reine des dieux et sur la fille de Jupiter un triomphe

(1) Voyez les Dissertations sur Vénus de Larcher, pages 212 et suivantes, et de l'abbé de La Chau.

plus glorieux que tous ceux qu'elle pouvoit si facilement obtenir du dieu de la guerre et de tous les dieux de l'Olympe, qui aimoient tant à se laisser vaincre par la plus belle des déesses. Enfin, soit qu'on considère cette déesse comme triomphante ou de Mars, ou de Junon et de Minerve, son attitude, par sa fierté, convient à une Vénus victorieuse.

Cette question nous mène à une autre plus importante, puisque d'elle dépend l'idée que l'on peut se faire de la statue dans son état d'intégrité. Il s'agit donc de savoir si elle étoit isolée, ou si elle se groupoit avec une autre figure. Il est positif, comme le remarque M. Quatremère de Quincy, que cette Vénus a un certain mouvement que d'autres ne nous offrent pas, et que le caractère de sa tête, l'expression de sa bouche, de son regard, prouvent qu'elle est en rapport avec quelque objet qui attire son attention. Mais cet objet est-il près d'elle ou à quelque distance? M. Quatremère pense que le personnage dont la déesse paroît occupée, étoit groupé avec elle; et à l'appui de son opinion il produit plusieurs groupes antiques, qui, selon lui, doivent avoir été des copies, des répétitions ou des inspirations plus ou moins heureuses d'un ouvrage plus ancien, et qui leur étoit supérieur en mérite; et il pense que cet original, si souvent imité, existe en partie dans ce que le temps a respecté de notre belle Vénus. L'auteur du Jupiter Olympien est confirmé dans son opinion par les analogies de pose et de costume, de disposition générale qu'il croit trouver entre cette Vénus et celles de groupes de Mars et de la même déesse, du musée du Capitole [1], de la galerie de Florence [2], d'une pierre gravée de cette der-

(1) Mus. Cap., t. III, pl. XX.

(2) Mus. Fiorentino, t. III, pl. XXXVI.

nière collection[1], et d'une médaille de Faustine-la-Jeune[2], adorée sous le nom de Vénus Victrix.

Il m'est impossible de suivre ici le savant antiquaire dans tout le détail des preuves que lui fournissent et son sujet et sa sagacité pour soutenir son ingénieuse hypothèse, et sa belle dissertation doit être entre les mains de tous les amateurs de l'antiquité[3]. Mais l'analogie dont il s'appuie est-elle aussi exacte qu'on pourroit le desirer. Il me semble d'abord que les regards de notre Vénus, dont le corps est presque de face, et la tête peu tournée, ne sont pas dirigés de manière à pouvoir rencontrer ceux de la figure avec laquelle on l'auroit groupée; ou il faudroit placer celle-ci non à côté de la déesse, mais assez en avant, ce qui nuiroit à l'ensemble du groupe. Dans ceux que cite M. Quatremère de Quincy, les figures se regardent, sont près

(1) *Mus. Fiorentino*, t. I, pl. LXXIII.

(2) *Numismata Patini*, p. 248. Voyez, dans la planche seconde de cette notice, outre les groupes que l'on vient de citer, celui du Musée royal, n° 272, une autre médaille de Faustine, dont le groupe présente une composition un peu différente de celle rapportée par Patin, et trois médailles de Mélos. Celle de Faustine a été dessinée à la bibliothèque royale, d'après un revers très bien conservé, et elle diffère beaucoup du dessin donné par Patin. Mais on sait qu'à cette époque on tenoit peu à l'exactitude, et qu'on se contentoit d'à-peu-près. La pierre gravée, rapportée par Gori dans le *Museo Fiorentino*, t. I, pl. LXXIII, n'est pas tout-à-fait semblable à celle de la dissertation de M. Quatremère. La disposition des bras n'est pas la même. Dans Gori, Vénus pose le pied sur un globe très petit; chez M. Quatremère, l'appui est carré et très élevé; il est probable que ces dessins ont été faits d'après deux pierres différentes; et le dessin de Gori favoriseroit plus l'hypothèse du savant académicien que l'empreinte dont il s'est peut-être servi.

(3) Cette dissertation a pour titre : Sur la statue antique de Vénus, découverte dans l'île de Milo en 1820, transportée à Paris par M. le marquis de Rivière, ambassadeur de France à la cour ottomane. Notice lue à l'Académie royale des beaux-arts le 21 avril 1821, par M. Quatremère de Quincy, secrétaire perpétuel de ladite Académie, membre de l'Académie royale des inscriptions et belles-lettres. Paris, chez Debure frères, libraires du roi et de la bibliothèque du roi; de l'imprimerie de Firmin Didot, imprimeur du roi. 1821.

l'une de l'autre, enfin le colloque est bien établi. Dans toutes ces compositions, Vénus, par son attitude, se porte à gauche vers le dieu qu'elle veut retenir par ses caresses. La Vénus de Milo au contraire se penche vers la droite, et s'éloigneroit du dieu avec lequel elle seroit groupée, à moins qu'on ne regardât ce mouvement comme celui qu'elle feroit pour retenir avec plus de force et d'autorité que de séduction l'amant prêt à la quitter; ce qu'indiqueroient peut-être son regard et l'expression de sa bouche, qui paroissent impérieux plutôt que suppliants et caressants.

Quoique les groupes se formassent de plusieurs morceaux d'assemblage qui pouvoient se travailler séparément, ne devroit-il pas y avoir quelques points où la statue de Vénus eût été en contact avec celle qui lui auroit été unie; il me semble que rien ne l'indique. La grande masse de plis qui tombe de tout son poids sur la gauche, et dont on peut suivre encore toutes les sinuosités, malgré les dégradations, n'a jamais été pressée ou contrariée dans sa chute, comme il semble qu'elle auroit dû l'être par la jambe droite d'une figure qui eût été placée à côté de Vénus. La médaille de Faustine, alléguée par M. Quatremère, offre bien en partie la disposition qu'auroit eue notre statue si elle eût été groupée, et il y a une assez grande distance entre Mars et Vénus qui cependant se tourne entièrement vers le dieu de la guerre. Mais la composition d'un groupe sur une médaille, ou même en bas-relief, conviendroit-elle au même sujet en marbre et de ronde bosse? Et d'ailleurs, si on examine la partie du bras gauche que l'on a retrouvée, et qui certainement a appartenu dès l'origine à notre statue, on verra que le biceps renflé indique que l'avant-bras n'étoit pas étendu, mais un peu relevé, et je ne vois pas comment cette position pourroit entrer dans la composition du groupe, sur-tout si le fragment de main qui tient la pomme, a fait partie de ce bras, comme on peut le présumer.

On n'a peut-être pas fait assez d'attention à cette main, ou plutôt à ce fragment de main dont il ne reste qu'une partie des trois derniers doigts qui tiennent la pomme; les deux autres manquent : on y voit aussi la paume de la main jusqu'au pli du poignet où s'est faite la fracture; le marbre de ce fragment est absolument le même que celui de la statue; et en le rapprochant du corps, on y retrouve le même aspect, le même ton et le même velouté dans le travail du ciseau, enfin, la même chair; et malgré les dégradations, l'on conçoit aisément que cette partie n'étoit pas inférieure en beauté au reste du corps. M. Lange, restaurateur des statues du Musée royal, et dont l'œil est très exercé à saisir et à suivre les moindres indications, soit du travail antique, soit des lésions qu'ont éprouvées les statues qui lui sont confiées, M. Lange m'a fait observer sur le dessus de cette main des exfoliations du marbre dont on peut suivre la direction sur le fragment de bras, et jusque sur l'épaule, et qui prouveroient que ces différents morceaux faisoient partie du même bras, et que d'ailleurs elles n'ont pu avoir lieu, suivant toutes la même direction, que lorsque le bras étoit encore dans son entier. On diroit qu'un coup violent, après avoir froissé fortement le bras dans sa longueur, l'a fracassé à son emmanchement avec l'épaule, et l'en a séparé. J'ajouterai encore à ce que je viens de dire, que la fracture du poignet est nette; ce qui me fait croire que le bras gauche, soit par la chute de la statue, soit par quelque autre cause, à été brisé et détaché du corps dans toute sa longueur, qu'il a dû en exister, et qu'il en existe peut-être encore le fragment de l'avant-bras, ou que du moins l'on en a conservé les morceaux plus long-temps que ceux de l'autre bras.

Une autre présomption qui me paroît assez forte en faveur de ces fragments et de leur antiquité, c'est qu'ils sont trop peu considérables, sur-tout celui de la main, pour que ceux qui vouloient adapter un mauvais bras droit à cette statue, et un pied qui ne pouvoit pas lui convenir, eussent voulu s'en servir dans leur restauration, au lieu de prendre un autre bras quelconque et de l'ajuster tant bien que mal à la partie qui existoit encore. Si donc ces fragments ont été conservés, c'est probablement parcequ'on avoit l'avant-bras; et il n'y auroit rien d'étonnant que de nouvelles recherches le fissent retrouver à Milo. Et d'ailleurs, dans la supposition que cette statue ou ce groupe eût toujours existé dans cette île, et qu'il y eût été brisé, il seroit possible qu'on en retrouvât quelque fragment. Il seroit aussi assez singulier que, dans la catastrophe arrivée à ce groupe, Mars eût, tout seul et tout entier, disparu sans laisser aucune trace; si, après avoir été séparé de Vénus, il a été enlevé, il n'eût pas été beaucoup plus difficile d'emporter les deux figures du groupe, qui perdoient en grande partie leur valeur en étant ainsi condamnées à rester isolées. Si cette Vénus n'a pas été faite à Milo, et qu'elle ait été apportée de quelque endroit de la Grèce, croit-on que l'on eût conservé des fragments qui n'eussent été d'aucun intérêt, puisqu'il n'eût pas été possible de les rétablir dans leur premier état, à moins de recomposer le groupe dont on veut qu'elle ait fait partie.

Mais il y a encore une observation que l'on n'a pas faite, et que l'on peut opposer à l'idée du groupe. On sait que le fragment de bras va jusqu'à deux lignes au-delà de la saignée; en supposant un groupe, c'eût été à cet endroit de la fracture que ce bras auroit commencé à être adhérent au corps de l'autre figure, et il eût été travaillé dans le même bloc, et certainement alors il n'y auroit pas eu assez de longueur de ce point, même jusqu'au bout des doigts, pour que la main vînt se placer sur l'épaule gauche de Mars, que l'on doit croire avoir été plus grand que Vénus; la main cachée par le dos n'eût pas paru. On voit d'ailleurs que cette main étoit détachée, et qu'elle n'auroit tenu par aucun point à l'épaule de la figure avec laquelle on la supposeroit groupée, et dont elle auroit dû faire partie. Dans le groupe du Musée royal, n° 272[1], où Vénus est entièrement tournée vers Mars, et plus rapprochée de lui, on n'aperçoit cependant sur l'épaule gauche du dieu que l'extrémité des doigts de la déesse.

L'hermès de Mercure, dont il a été déja question, peut, dans quelque restauration dont on ne sauroit assigner l'époque, avoir été placé dans une entaille quadrangulaire pratiquée sur la nouvelle plinthe; et M. Quatremère pense que ce seroit une preuve que l'on avoit senti le besoin d'accompagner le côté gauche de la statue d'un objet quelconque; mais cet hermès de trois pieds de haut, ainsi placé, n'eût pas fait groupe avec elle, et si c'eût été d'après une tradition qu'on l'eût ainsi ajusté, on n'auroit pas conservé celle d'une figure groupée avec la déesse.

Mais par sa pose et son ensemble, cette belle statue n'offre-t-elle pas une composition complète? ne seroit-il pas possible à l'imagination, en lui rendant les bras qu'elle a perdus, d'en réformer un tout bien ordonné, et auquel on n'eût rien à regretter? Une superbe Vénus à demi drapée, trouvée à Capoue, et qui fait l'un des plus beaux ornements de ce musée de Naples, si riche et si peu connu, la plus grande partie n'en ayant pas été gravée, offre beaucoup de rapports avec celle de Milo, par son attitude et par la disposition de ses draperies. Autant que je puis

(1) Voyez la planche II de cette notice, n° 3.

me la rappeler, c'est la Vénus à laquelle on pourroit le mieux comparer la nôtre, entièrement différente de caractère et de style de la Vénus de Médicis, de la Vénus Génétrix, de celle d'Arles, et sur-tout de la Vénus du Capitole; je ne décide pas de leur beauté, et ne m'établis pas juge entre ces déesses: *non nostrum inter vos tantas componere lites*. Mais il est facile de les comparer. Quant à la Vénus de Capoue, il est vrai qu'on a placé à sa gauche un Amour; mais je ne me souviens pas que quelque indication sur la plinthe aît motivé cette addition, ni de l'état où se trouvoit la statue avant sa restauration. D'ailleurs, elle a le corps beaucoup plus tourné vers la gauche que la nôtre; sa tête est plus penchée, et ses regards ont une autre direction. Quand même on admettroit qu'il est nécessaire, pour l'ensemble de la composition, de placer une figure à la gauche de notre Vénus, comme on l'avoit essayé autrefois en la restaurant, ou comme on l'a fait pour celle de Capoue, cette addition n'en formeroit pas un groupe tel que l'entend M. Quatremère de Quincy; le bras gauche seroit libre, et ne s'appuieroit pas sur la figure qui seroit à côté de Vénus, et d'une dimension beaucoup plus petite. Ainsi rien, dans cette hypothèse d'un groupe conçu de cette manière, n'empêcheroit de suivre le système qui a dirigé la restauration de la Vénus de Capoue, dont le bras gauche offre de grandes analogies avec la direction que, d'après son attitude et d'après les fragments, on peut supposer à celui de notre Vénus.

Je pourrois ajouter à toutes ces considérations que j'oppose à l'idée du groupe de notre Vénus avec un autre personnage, sur-tout à la supposition que ce pouvoit être Mars, que c'est je crois de toutes les divinités celle que les Grecs ont le plus rarement représentée, ou dont ils nous aient le moins transmis l'image dans leurs ouvrages de sculpture. Il est vrai que parmi les bas-reliefs du célèbre coffre de Cypsélus, l'une des plus anciennes productions des arts, l'on voyoit Mars armé entraînant Vénus; ce qui indique la composition d'un groupe; mais dans le nombre considérable de statues citées par Pline et Pausanias, on n'en trouve que trois de Mars. Et ne seroit-il pas probable que s'il eût existé quelque ouvrage célèbre qui eût représenté ce dieu et Vénus, l'on en auroit fait mention. Ces groupes du dieu de la guerre et de la déesse de la beauté, dont la plupart des têtes sont ou des portraits, ou ont été rapportées, ne se décèlent-ils pas, soit par le costume, soit par leur composition ou peu gracieuse ou maniérée, pour être d'époques postérieures aux beaux temps de l'art en Grèce? n'y retrouve-t-on pas le génie et le caractère des Romains, pour qui Mars étoit une des premières divinités, et qui, en le réunissant à Vénus, offroient dans le même groupe et la déesse dont le fils jeta les premiers fondements de leur empire, et le dieu auquel ils devoient la conquête du monde. Ces idées n'ont-elles pas dû produire et multiplier de semblables compositions sans avoir recours à un ancien original grec dont elles seroient des copies.

Toutes ces considérations m'empêchent donc d'adopter la supposition que la Vénus de Milo ait fait partie d'un groupe, et me font croire qu'elle étoit isolée, mais en rapport avec d'autres figures, qui pouvoient être Pâris et les deux déesses auxquelles avec fierté et dédain elle montroit la pomme, trophée de sa victoire. Sa bouche entr'ouverte semble la proclamer, et son regard élevé embrassant l'espace, annonce aux cieux et à la terre l'éclat de son triomphe. Ne pourroit-on pas même regarder comme une indication, légère il est vrai, la pose du pied gauche appuyé sur un plan relevé? Plusieurs antiquaires célèbres ont pensé que dans les figures antiques cette attitude étoit un signe de propriété, de prise de possession; Vénus a remporté la victoire, et défie ses rivales de la lui ravir. Dans sa main droite la déesse tenoit peut-être une bandelette, quelque attribut, ou son ceste divin et irrésistible, dont elle avoit dédaigné d'employer la puissance magique pour vaincre les autres déesses; et il est probable que l'objet sur lequel pose le pied gauche de la déesse étoit une cassette ou pyxide, qui renfermoit les ornements de sa parure, et que l'on voit souvent parmi les accessoires de Vénus.

Sans me permettre de rien affirmer sur la direction de cette main, que certainement plus d'un de nos sculpteurs habiles s'efforceront de restituer sur les plâtres moulés, et qui mérite bien d'exciter leur noble émulation, je ne craindrai pas d'avancer qu'il ne me paroît guère possible qu'elle ait soutenu la draperie; ou bien il auroit fallu, ce me semble, que, descendant plus bas que la jonction des deux blocs, cette main eût fait partie de l'inférieur, et je laisse aux gens de l'art à juger si cette disposition dans le travail est probable, et eût été heureuse. D'ailleurs en supposant qu'elle eût relevé sa draperie, attitude que l'on voit à des figures de la famille de Niobé, et à la statue du Musée, connue sous le nom de Thétis ou de Vénus, n° 120, il devroit y avoir dans la partie du manteau qui est sur la cuisse gauche, quelque indication qui fît reconnoître que le bord en étoit relevé; et il n'est pas à croire que la fracture de ces plis détachés eût conservé la forme qu'on lui voit, et qu'elle eût suivi le contour de la cuisse, qu'on retrouve entièrement en la regardant de côté.

Croyant apercevoir de l'analogie entre la pose de la Vénus de Milo et celle du Cupidon qui tend ou qui brise son arc, dont on connoît plusieurs répétitions, des personnes ont pensé que peut-être la déesse tenoit un arc à la main. Au premier aperçu, cette opinion n'est pas sans attraits; et elle établiroit une scène entre la déesse de Cythère et son fils, dont elle auroit à se plaindre, ou bien Vénus irritée feroit éprouver sa colère à quelque dieu ou à quelque imprudent mortel qui ont osé bravé son pouvoir. Quoique cette idée combatte en ma faveur contre celle d'un groupe, et que sous ce rapport, supposant la statue isolée, elle me paroisse plus facile à adopter que la composition de deux figures réunies, cependant je ne puis me résoudre à l'admettre. Il me semble que, soit que l'on suppose la déesse au moment où elle vient de décocher la flèche, soit qu'elle veuille tendre ou briser son arc, son attitude et la disposition de ses bras n'indiquent pas le mouvement qui conviendroit à l'une ou à l'autre de ces actions. Après avoir décoché la flèche, le bras droit reviendroit en arrière ou sur le côté, et le corps se porteroit en avant sur la jambe gauche; et pour tendre l'arc il seroit plus plié, et ne se rejeteroit pas en arrière. De quelque manière que l'on combine la position des bras avec la courbure de l'arc, je doute que l'on puisse faire accorder cette attitude, qui exige des efforts, avec la pose, le regard, et l'ensemble de notre Vénus; et il seroit difficile que cet arc ne nuisît pas à l'effet de la composition, et qu'il n'interrompît pas, par une ligne désagréable, l'élégance des contours. Ce seroit, au reste, représenter Vénus sous un type dont les auteurs et les monuments, ne nous offrant aucun exemple, ne nous appuient pas de leur autorité. Quoique l'on connoisse beaucoup de Vénus armées, est-il très certain que ce fut dans le goût de l'époque et de l'école auxquelles on peut attribuer ce chef-d'œuvre avec quelque vraisemblance? Cette idée fourniroit un sujet charmant aux vers légers d'un Anacréon, ou à la composition d'une petite statue; mais conviendroit-elle aussi bien à la sculpture s'élevant à toute la hauteur du grand style que l'on admire dans la Vénus de Milo?

C'est une divinité qui, remplissant son temple de son éclat, commande le respect, et transporte ses adorateurs, éblouis de sa beauté; et ce n'est pas la mère de l'Amour, jouant avec les armes de son fils, les brisant, ou voulant se servir de ces traits qu'elle ne craint pas, et dont elle n'a pas besoin pour tout soumettre à ses lois.

Me trouveroit-on à présent trop téméraire au milieu de tant d'opinions diverses sur notre Vénus, de présenter aussi mes conjectures? On sait que Praxitèle en avoit fait deux, l'une drapée, l'autre nue, entre lesquelles il donna le choix aux habitants de Côs, qui préférèrent celle qui étoit vêtue, et les Cnidiens achetèrent l'autre; ce ne fut probablement pas que la Vénus drapée l'emportât en beauté sur celle qui ne l'étoit pas; car, au rapport de Pline, celle-ci étoit plus belle, ou du moins elle acquit une plus grande célébrité. Mais ce fut, on peut le présumer, parceque la nudité que Praxitèle vouloit faire adopter pour les statues de la déesse n'étoit pas encore goûtée généralement, et que les habitants de l'île de Côs, par pudeur et par un respect religieux pour l'objet de leur culte, n'approuvoient pas cette innovation. Il est à croire, d'un autre côté, que les deux statues étoient dans les mêmes proportions, puisqu'étant destinées à une place disposée pour recevoir une déesse, le choix de Côs pouvoit tomber sur l'une aussi bien que sur l'autre. On peut être surpris de la sévérité des habitants de cette île, chez qui, selon Aristote, Pamphile inventa ces étoffes légères qui eurent tant de célébrité, et que les Romains nommoient *ventus textilis*, du vent tissu, et dont la transparence, telle que celle du cristal, ne déroboit aux regards aucun des charmes de la beauté que voiloit à peine une brillante vapeur [1]. Allons plus loin.

(1) La pourpre de Côs étoit aussi très célèbre. Voyez HORACE, Od., l. IV, 13, 13. Satyr., l. I, 2, 101; JUVÉNAL, III, 81, VIII, 101.

Les répétitions de la tête de la Vénus de Cnide, que nous possédons, sont dans les mêmes propotrions que celle de la Vénus de Milo, et offrant à-peu-près le même caractère, et, ainsi que le dit M. Quatremère de Quincy, le même air de famille; on peut les croire exécutées d'après un type créé par le même génie, qui ne mit entre les deux Vénus que de légères différences, et seulement pour ne pas redire tout-à-fait la même chose. Pline, en rapportant que la Vénus de Côs étoit drapée, ne nous apprend pas si elle l'étoit en entier ou en partie : elle ne l'étoit peut-être que ce qu'il falloit pour ne pas effaroucher la délicatesse sévère des habitants de Côs; et c'étoit une transition adroite, ménagée par Praxitèle, entre les Vénus drapées, suivant l'ancien usage, et celles dont il dévoiloit tous les charmes. Qui sait même si pour ne pas trop s'éloigner de l'ancien caractère qu'on étoit habitué de voir à Vénus, il ne conserva pas un peu du style qu'il vouloit changer, et si ce ne fut pas à dessein qu'il ne lui donna pas toute la grace qu'il répandit sur la Vénus de Cnide ? Et ce fut peut-être cette beauté remplie de dignité qui détermina en sa faveur les habitants de Côs.

Ne peut-on donc pas croire que, de même que des médailles et des statues nous retracent la Vénus de Cnide, long-temps confondue avec celle de Médicis, avant que M. Visconti eût reconnu son véritable caractère, la Vénus de Milo nous révèle celle de Côs : et cette hypothèse, si on la trouve admissible, en nous faisant connoître le type d'une statue célèbre de l'antiquité, ne seroit-elle pas aussi intéressante dans l'histoire de l'art, que celle d'un groupe qui peut bien avoir existé, mais que ne reproduit aucun de ceux dont on veut s'appuyer. S'ils avoient été des copies, ou seulement des inspirations d'après un original d'un ordre supérieur, n'auroient-ils pas été répetés avec plus d'exactitude dans la pose et le mouvement? Et certes ils diffèrent beaucoup entre eux sur tous ces points: il me semble que des artistes anciens d'un talent moins distingué que l'auteur de notre Vénus, et qui, ainsi que le dit M. Quatremère de Quincy, avoient moins de tendance que les modernes à l'indépendance et à la diversité, auroient montré plus de scrupule et de respect en reproduisant l'original d'un grand maître.

Si l'on adoptoit mon opinion sur la Vénus de Côs, seroit-on étonné qu'elle eût été préférée à d'autres par les habitants de Mélos, par cela même que c'étoit une Vénus victrix, et qu'elle tenoit une pomme? Lorsqu'on sait par Pline que cette île étoit regardée comme la plus ronde de toutes les îles, que le mot *mêlon* pomme (pris en général pour une certaine classe de fruits), est, à cause de la figure de cette île, au nombre des étimologies de son nom, et qu'on retrouve ce fruit sur ses médailles, seroit-il très invraisemblable que chez des peuples portés aux allusions et aux emblèmes[1], on eût fait quelque rapprochement entre Vénus qui a remporté la pomme, et l'île de Mêlos, regardée par ses habitants comme la plus belle des îles, et qui fut pour ainsi dire une pomme de discorde parmi les Grecs? Et y a-t-il quelque divinité qui pût mieux convenir à une île, que la déesse née au sein des flots, et qu'on invoquoit à Cnide, sous le nom d'*Euploea*, pour en obtenir une heureuse navigation? Je sais bien que l'on pourra m'opposer l'opinion de plusieurs antiquaires, et entre autres de M. Visconti, qui pensoit que peut-être la

(1) Le fruit que l'on voit sur les médailles de Mélos peut aussi bien se prendre pour un melon ou une grenade que pour une pomme. Quant aux objets qui rappellent sur les médailles les noms des lieux qui les faisoient frapper, on peut, parmi beaucoup d'autres, citer la rose (en grec ΡΟΔΟΝ, rhodon) des médailles de Rhodes, la grenade (ΣΙΔΗ, sidê) de celles de Sidé en Pamphilie, et le bras plié (ΑΓΚΩΝ, ancôn) qui sert de type aux médailles d'Ancône.

Vénus drapée du Musée royal, n° 185, nous retrace celle de Côs; et le nom de Praxitèle, gravé sur l'ancienne plinthe, lui fait croire que cette statue est une copie d'après ce grand maître. Mais ne seroit-il pas probable qu'en parlant de cette Vénus, si elle eût été groupée avec un Amour, Pline auroit fait mention de cette circonstance? Et d'ailleurs il me semble que, dans son ensemble et dans l'ajustement de ses draperies, cette statue n'offre pas le caractère d'une grande antiquité, et qu'elle porte plutôt le cachet d'un ouvrage romain; et l'inscription, supposé qu'elle fût incontestablement antique, pourroit être de celles dont on cherchoit à relever des ouvrages d'un ordre inférieur.

La pomme que notre Vénus tiendroit à la main seroit un mérite de plus aux yeux des antiquaires; car aucune statue antique n'offre cette déesse avec cet attribut; on ne le voit que sur des médailles et des pierres gravées; et ce n'est que d'après les monuments et les passages des auteurs anciens, que les sculpteurs modernes, en restaurant des statues de la déesse de la beauté, ont placé dans sa main ce trophée de sa victoire, avec lequel l'avoit aussi représentée Canachus, sculpteur de l'ancienne école (525 avant Jésus-Christ), dans la belle statue assise, en or et ivoire, qu'il avoit faite pour le temple de la déesse à Sicyone[1]; et c'est, je crois, la seule statue de Vénus tenant la pomme dont il soit question dans les auteurs anciens.

D'après ce qu'on vient de lire sur les rapports que je voudrois établir entre la Vénus de Milo, et celle de Côs faite par Praxitèle, on pensera peut-être que je suis disposé à croire que nous possédons ce célèbre original. Malheureusement je ne me sens

(1) Pausanias, l. II, c. x.

ni assez hardi, ni assez de moyens pour avancer une hypothèse que je ne pourrois étayer que par des raisons très vagues, et sans offrir des points de comparaison. La critique demande d'autres preuves que celles que peuvent lui fournir l'enthousiasme et le sentiment; il les lui faut plus solides, et tirées ou des auteurs anciens ou des monuments: l'un et l'autre nous manquent dans cette occasion-ci; et il se présenteroit peut-être un jour un monument qui feroit valoir son témoignage contre ce que l'on voudroit prouver aujourd'hui.

Je ne parlerai pas de l'opinion qui supposoit Phidias l'auteur de notre Vénus : elle n'est guère soutenable, lorsqu'on lui oppose que ce grand statuaire n'avoit fait, ou du moins les auteurs anciens ne citent de lui que trois Vénus: une pour les Eléens, de Vénus Uranie en or et en ivoire, et qui posoit un pied sur une tortue, et deux en marbre, dont l'une étoit à Athènes, et l'autre se voyoit à Rome au temps de Pline; et ce seroit un grand miracle que l'une des deux nous fût parvenue. On sait d'ailleurs que Phidias sculptoit peu en marbre; et d'après la manière dont s'exprime Pline, *tradunt, on dit* que Phidias a fait aussi des statues de marbre, on voit qu'il doutoit de l'authenticité des ouvrages de marbre qu'on attribuoit à ce chef des écoles de la Grèce.

On pourroit, je crois, soutenir d'une manière beaucoup plus plausible que la Vénus de Milo est un ouvrage de Praxitèle, et on me feroit grand plaisir de me le prouver; mais je n'ai pu le croire jusqu'à présent. Plusieurs personnes cependant l'affirment d'une manière embarrassante, et si positive, qu'il paroît difficile de ne pas se soumettre à leur décision; on diroit qu'elles sont tellement familiarisées avec le style de Praxitèle, avec son *faire*, qu'on ne peut se hasarder à les contredire; l'on seroit porté à croire qu'elles l'ont vu travailler, ou qu'à notre insu elles ont découvert de nombreux ouvrages de ce grand maître, qu'elles consultent sans cesse. Mais, quoi qu'on en puisse dire, je ne puis m'empêcher de répéter ce que j'ai déja avancé, et de penser, avec des hommes qu'on ne sera pas tenté de regarder comme des *pédants* ou des *demi-savants*, que nous sommes très loin d'être assez riches en statues antiques ou en monuments de ce genre, d'une authenticité reconnue tant pour leurs époques que pour leurs écoles, et encore moins pour leurs auteurs, pour pouvoir établir des parallèles, et décider d'une manière *incontestable* que tel ouvrage appartient à telle époque, et encore bien moins à tel maître. Ce qui me paroît donc le plus probable, c'est que notre statue est sortie, si ce n'est des ateliers, du moins de l'école de Praxitèle, qui peupla la Grèce d'artistes dignes de lui succéder et de perpétuer sa gloire.

Pour appuyer mon sentiment, j'en appelle de la décision trop prématurée, qui a déclaré que l'inscription gravée sur la nouvelle plinthe ayant été employée là par hasard, n'avoit aucun rapport avec notre statue, et ne pouvoit rien apprendre : elle ne nous apprendra pas, il est vrai, tout ce que nous desirerions savoir; mais du moins il est possible qu'elle nous prouve que, dans la question dont il s'agit, elle est plus importante qu'on ne l'a pensé, et qu'elle mérite même qu'on lui rende la place qu'elle occupoit dans la plinthe.

Cette plinthe avoit été brisée par un évènement quelconque, et un des morceaux avoit été perdu aussi probablement qu'une partie de la statue. Lorsqu'on essaya de la restaurer, on rétablit la plinthe; et, soit par inadvertance, soit parcequ'on n'en avoit pas d'autre sous la main, ou qu'on n'attachât pas une grande importance à cette partie de la base, on employa un marbre d'un grain un peu différent de celui de la statue : je dis un peu différent, parcequ'il ne l'est pas assez pour produire un mauvais effet, en l'employant même à la restauration de parties plus intéressantes que la plinthe. Pourroit-on croire que, pour restituer le morceau qui manquoit à la base dégradée, on se fût servi d'un marbre sur lequel auroit été déja gravée une inscription, qui n'avoit pas rapport à la statue; et que, par conséquent, on eût pris beaucoup de précaution pour que cette inscription, d'aucun intérêt, inutile à conserver, et dont il eût été facile de démontrer la fausseté, arrivât bien juste dans l'alignement de la surface antérieure de l'ancienne plinthe, et qu'elle s'ajustât exactement par derrière et de côté avec ses fractures? Ces suppositions ne me paroissent pas probables, et il l'est beaucoup plus de penser qu'on a suivi la marche ordinaire; on aura réparé la plinthe, et l'on y aura ensuite gravé l'inscription. On sait bien, d'après les auteurs anciens, qu'on a souvent inscrit de faux noms sur les statues, et qu'on les décoroit de ceux de Phidias, de Myron, de Polyclète, de Praxitèle; mais au moins alors la supercherie en valoit la peine; ici ce n'est pas le cas, et elle ne me semble pas admissible. Quelque habile qu'ait été le sculpteur dont l'inscription nous offre le nom mutilé, il est probable qu'il n'avoit pas jeté un assez grand éclat, puisqu'il n'en est pas question dans les auteurs anciens, pour qu'on eût voulu lui attribuer une statue, oú dont on ignoroit l'auteur, ou dont on desiroit relever le mérite; et si l'on eût eu l'intention de tromper, on eût choisi un nom plus célèbre. Ainsi, d'après ces réflexions, il me paroît d'abord que l'inscription n'est pas antérieure à la restauration de la statue, ou que, si elle l'étoit, elle avoit appartenu à un ouvrage du même sculpteur; ensuite, qu'après avoir réparé la plinthe, on se sera rappelé l'auteur de ce bel ouvrage, et qu'on y aura inscrit son nom.

Si le Milon du Puget, ou ses beaux Atlas de Marseille, si le Moïse de Michel-Ange, étoient brisés en partie, et que le nom gravé sur la plinthe fût perdu, croit-on que l'on pût, à Marseille, à Versailles, ou à Rome, en restaurant ces statues, même après plusieurs générations, y inscrire un faux nom, et sur-tout un nom moins célèbre que le leur; et c'est ce qui seroit arrivé, si l'on eût remplacé celui de Praxitèle par quelque autre moins illustre. Si la supercherie eût été imaginée par le restaurateur de la statue, il n'eût pu la soutenir, à moins d'être capable d'en faire une aussi belle; et on ne peut pas la supposer de la part du propriétaire, qui devoit être plus porté à relever le prix de sa statue qu'à le rabaisser.

Le nom qu'offroit la plinthe de la Vénus de Milo devoit donc être celui de son auteur; et il est bien à regretter que le temps ne nous en ait conservé qu'une partie, et précisément celle qui, n'étant qu'une terminaison commune à beaucoup de noms grecs, est la moins propre à le faire rétablir dans son entier. Les caractères sont beaux et du bon temps; ils ressemblent entièrement à ceux de l'inscription d'Agasias, sculpteur du héros combattant (gladiateur Borghèse). Je l'ai fait mouler, et elle n'offre pas la moindre différence dans la forme de ses lettres avec celle dont nous allons nous occuper. Mais la figure des lettres ayant peu varié depuis le quatrième siècle avant Jésus-Christ jusqu'au temps des empereurs romains, ce que prouvent beaucoup d'inscriptions, elles ne peuvent pas nous servir à déterminer d'une manière positive l'époque où la restauration de la plinthe a eu lieu[1].

(1) Depuis le commencement du quatrième siècle avant Jésus-Christ, ou la fin du cinquième, époque du marbre de Choiseul (Musée royal, nº 597), jusqu'à celle qui précéda de quelques années les premiers empereurs romains, les lettres grecques n'éprouvèrent

La voici.

ΑΝΔΡΟΣ∴ΗΝΙΔΟ∴
ΟΧΕΥΣΑΠΟΜΑΙΑΝΔΡΟΥ
ΕΠΟΙΗΣΕΝ

pas de grands changements dans leurs formes; ce ne sont même que de légères nuances, qu'on ne pourroit pas saisir en comparant entre elles des inscriptions qui n'offriroient que quelques mots.

Des antiquaires célèbres, tels que Spon, Spanheim, Montfaucon, Corsini, Winkelmann, pensoient qu'une des principales différences consistoit en ce que l'E et le Σ ne paroissoient figurés en Є et en C ou ⊏ que vers les derniers temps de la république romaine, ou le commencement de l'empire; et l'on regardoit comme de cette époque, ou ne lui étant pas antérieures, toutes les inscriptions qui offroient ces lettres avec des formes arrondies. Mais des médailles et des monuments découverts en assez grande quantité depuis la mort des savants que je viens de citer, et publiés par d'Hancarville, Pacciaudi, l'abbé Barthélemy, Lanzi, etc., ont prouvé d'une manière incontestable que les lettres arrondies sont d'une haute antiquité; cependant les inscriptions qui en offrent des exemples sont plus rares que celles où ces mêmes lettres ont des formes anguleuses. Il est possible qu'employées dès les premiers temps, elles aient été abandonnées ensuite, ou moins en usage, et qu'elles n'aient reparu que vers le temps des empereurs. Il me semble même que les lettres anguleuses ont dû être préférées, comme plus faciles à exécuter sur le marbre, à des époques où l'on avoit moins l'habitude de le travailler; et, tout en admettant l'existence de ces lettres arrondies dans des monuments d'une grande antiquité, je ne sais s'il s'en trouve où elles soient d'une belle exécution. Autant que j'en puis juger par les alphabets d'anciens caractères grecs donnés par M. Dodwell dans son beau *Voyage de Grèce*, vol. II, et par M. Raoul Rochette dans les deux savantes lettres adressées à lord Aberdeen, où il défend l'authenticité des inscriptions de Fourmont contre les critiques de M. Richard Payne Knight; autant, dis-je, que j'en puis juger d'après ces alphabets, les lettres arrondies, telles que le Є et le C, sont très mal exécutées et comme égratignées sur les monuments d'où on les a tirées; et comme on ne voit pas ordinairement cette forme de lettres dans d'anciennes inscriptions d'une belle exécution, et qu'elles sont au contraire très usitées et gravées avec soin dans celles d'époques plus rapprochées, lorsqu'on rencontre ces mêmes lettres faites avec régularité et bien gravées, ne pourroit-on pas croire qu'elles appartiennent à l'époque où elles redevinrent d'un usage plus habituel, et où l'on en perfectionna la forme? On n'abandonna pas tout-à-fait l'E et le Σ; mais en adoptant l'Є et le C, on voulut peut-être donner plus de variété à l'écriture: il eût été même assez naturel que les Romains eussent cherché à faire revivre entièrement le plus ancien alphabet grec, celui

Sauf le premier mot, qui est le plus important, il est facile de la rétablir, et de lire:

...ΑΝΔΡΟΣ ΜΗΝΙΔΟΥ
ΑΝΤΙΟΧΕΥΣΑΠΟΜΑΙΑΝΔΡΟΥ
ΕΠΟΙΗΣΕΝ

et de traduire ainsi:

...ANDRE, FILS DE MÉNIDÈS,
D'ANTIOCHE, PRÈS DU MÉANDRE,
A FAIT.

Le reste de la barre inférieure que l'on voit avant la termi-

qui est connu sous le nom d'*attique* ou de *pélasgique*, puisque l'on sait par Pline (l. VII, c. LVII et LVIII), et par Tacite (Annales, l. XI. c. XIV), qu'il avoit le plus grand rapport avec les lettres latines de leur temps; et en effet plus les caractères grecs sont anciens, plus on leur trouve de ressemblance avec les lettres romaines.

Si l'on ne s'en rapportoit, pour déterminer l'époque d'un monument, qu'à la forme des lettres, sans avoir recours aux autres ressources qu'offre la critique, on pourroit fréquemment se tromper. On sait par Pausanias (et les monuments en font foi) qu'à certaines époques il régna un goût d'*archaïsme* ou d'antiquité qui fit que souvent on employa pour des inscriptions des caractères très anciens, et sur-tout les lettres attiques des premiers temps: c'étoit une espèce de pédanterie monumentale, et pour faire montre d'érudition. On en trouve, dans le Musée de Naples, une preuve sur les colonnes découvertes dans le Triopium, et consacrées par Hérode Atticus, qui vivoit du temps de Marc-Aurèle. Les caractères et l'orthographe des inscriptions sont de la plus haute antiquité; et si on ne connoissoit pas précisément le temps où elles ont été faites, on ne pourroit pas les attribuer au second siècle de notre ère.

Les caractères varioient aussi selon les pays, et il y en avoit où probablement on conserva plus long-temps que dans d'autres l'orthographe et les lettres anciennes: on le voit par une inscription de Thèbes en Béotie, rapportée par M. Dodwell dans son *Voyage en Grèce*, et qui nous fait connoître, par les monuments, deux sculpteurs, Aristogiton et Pythodore, dont il est fait mention dans Pline et dans Pausanias. La statue qu'ils avoient élevée ne peut pas remonter au-delà de la cent-quatrième olympiade, trois cent cinquante-six ans avant Jésus-Christ; et cependant l'orthographe et le caractère des lettres sont d'une bien plus haute antiquité, et en annoncent même une plus reculée que celle des marbres de Nointel (voyez la *Description des antiques du Musée royal*, n° 222), qui sont de l'an 457

naison ΑΝΔΡΟΣ ne convient qu'à cinq lettres de l'alphabet grec, Δ, Ε, Ζ, Ξ, Σ; et même un petit point qui la termine à droite montre que ce ne peut être le reste d'un Δ. Quant au Ζ, il n'y a pas de nom grec dont la terminaison en ΑΝΔΡΟΣ soit immédiatement précédée de cette lettre. Ainsi l'on doit exclure tous les noms terminés en *andros* dont l'A ne seroit pas précédé d'une de ces trois lettres Ε, Ξ, Σ. Il n'y a qu'une douzaine de noms qui pussent nous servir à restituer celui que nous regrettons et regretterons probablement toujours; et de ces noms quelques uns sont peut-être un peu courts. Quant à ceux qui convien-droient, il n'en est que deux de sculpteurs cités par les auteurs

avant Jésus-Christ. Les inscriptions du marbre de Choiseul, qui datent de quatre cent dix ans avant Jésus-Christ, ont l'air moins ancien que celle de Thèbes, citée par M. Dodwell. On peut aussi remarquer qu'entre les inscriptions de Choiseul et celles de Nointel, qui ne sont qu'à quarante-sept ans l'une de l'autre, il y a plus de différence dans la forme des lettres que l'on n'en trouve entre celles de Choiseul et d'autres gravées plus de deux siècles plus tard. Dans les monuments du Ier et du IIe siècles de notre ère, et même dans ceux de la fin de la république romaine, les inscriptions offrent souvent, et même dans un seul mot, de grandes variétés de forme, et l'on y voit souvent l'E et l'Є, le Σ et le C.

Notre inscription pourroit avoir appartenu à un ouvrage du commencement du quatrième siècle avant Jésus-Christ: ses lettres ressemblent parfaitement à celles d'une des trois inscriptions du marbre de Choiseul, que son orthographe peut faire croire de quelques années plus récente que les deux autres (voyez la *Description des antiques du Musée royal*, p. 238); et d'un autre côté les lettres de notre marbre conviennent aussi à une époque beaucoup moins ancienne.

Ainsi, quelques données que les caractères d'une inscription puissent offrir pour fixer, même d'une manière approximative, son époque, il faut être sur ses gardes pour ne pas se laisser induire en erreur; et quoique chez les anciens, ainsi que chez les modernes, l'écriture de chaque siècle ait pour ainsi dire une physionomie particulière, cependant, comme on l'a vu plus haut, il y eut des époques où, pendant une longue suite d'années, il survint peu de changements dans l'écriture, du moins dans celle des inscriptions; et de légères différences ne suffisent pas pour en faire reconnoître le temps. (Voyez, outre les lettres de M. Raoul Rochette à lord Aberdeen, une petite dissertation de M. Buttmann, en tête du Programme des cours qui doivent avoir lieu en 1821 à l'académie de Berlin.)

anciens, et l'on verra qu'ils ne peuvent être admis. Ainsi, sans craindre de faire tort à personne, on est libre de choisir et d'appeler cet habile sculpteur Alexandre, Anaxandre, Stésandre, Thersandre, etc., etc. J'avoue que j'ai cru un moment qu'Agésandre et Tisandre viendroient à mon secours: mais Agésandre, du moins l'auteur du Laocoon, étoit de Rhodes; quant à Tisandre, on voit dans Pausanias qu'il travailla beaucoup pour Lysandre, qui rétablit la colonie de Sparte à Mélos, quelques années après qu'elle eût été dévastée par les Athéniens. Les généraux dont il fit les statues étoient presque tous de Carie ou des îles qui en étoient près; je pouvois le croire de cette contrée: malheureusement Antioche de Carie, près du Méandre, n'étoit pas fondée à l'époque de Lysandre et de Tisandre, et toutes mes espérances s'évanouirent.

Antioche de Carie fut fondée par Antiochus Soter, ou peut-être même, comme le pense M. Visconti dans son *Iconographie grecque*, le fut-elle par lui du vivant de son père Séleucus Nicanor, qui l'associa au trône, et dont le règne s'étend de l'an 312 avant Jésus-Christ à l'an 280. Si Antioche fut fondée entre ces deux époques, il est facile d'admettre que vers 260 elle ait eu de grands artistes; et comme l'on pense que Praxitèle a prolongé sa carrière jusqu'à l'an 286 avant Jésus-Christ, son école étoit alors à son plus haut point de splendeur, et sa gloire brilloit dans toute la Grèce. On peut ainsi supposer qu'un artiste d'Antioche, près du Méandre, ait reproduit la Vénus de Côs, île de Carie. Ce chef-d'œuvre devoit jouir alors de toute sa célébrité; et dans l'hypothèse que notre statue eût été faite pour Mélos, ce dont je ne suis pas convaincu, on conçoit que ses habitants aient desiré de posséder cette belle répétition.

On ne m'objectera pas, je pense, qu'un tel chef-d'œuvre

ne peut pas être l'ouvrage d'un sculpteur dont le nom est resté inconnu, lorsqu'on se rappellera que ceux d'Apollonius d'Athènes, fils de Nestor, d'Agasias d'Ephèse, fils de Dosithée, étoient ignorés avant la découverte du torse du Belvédère, ce chef-d'œuvre que Michel-Ange ne se lassoit pas d'admirer, et du héros combattant, l'une des plus belles statues antiques. Cette dernière seule prouveroit que l'école de Carie, ou de ces contrées, qui faisoit partie de celle d'Ionie, avoit produit des artistes du plus grand talent. Si notre inscription n'eût pas été mutilée, elle nous auroit fait connoître un grand sculpteur de la même école, et dont l'époque peut être rapprochée de celle d'Agasias. Enfin si le mot ΕΠΟΙΗΣΕΝ, *il a fait*, que les artistes grecs, au rapport de Pline, employoient rarement, indiquoit positivement et toujours un ouvrage original, ce sculpteur auroit conçu le premier la pensée de notre chef-d'œuvre. Mais si au contraire ce mot a servi, aussi bien que celui d'ΕΠΟΙΕΙ, *il faisoit*, tantôt pour des originaux, tantôt pour des répétitions, on lui devroit l'admirable copie du chef-d'œuvre d'un autre grand maître, de Praxitèle. Que de peintres et de sculpteurs du premier rang se sont honorés de copier Raphaël et Michel-Ange! Dans tous les cas, l'auteur de la Vénus de Milo est celui dont le nom est perdu, et qu'on peut appeler Alexandre; et aucun autre, ce me semble, ne peut lui disputer cet honneur. Et soit qu'on adopte, sur la composition primitive de cette statue, l'opinion de M. Quatremère de Quincy ou la mienne, la Vénus de Milo n'en sera pas moins une des plus belles conquêtes que la France ait pu faire, un sujet inépuisable d'admiration et d'étude de ce que l'art peut offrir de plus grand, de plus noble sous tous les rapports. Si, dans la crainte de nuire à sa beauté ou de se méprendre sur la sublime conception de son auteur, on la conserve avec respect dans l'état où la terre nous l'a rendue, elle partagera le sort et la gloire de la Vénus Anadyomène d'Apelle, et de celle qu'il avoit commencée pour les habitants de Côs[1]. La mort ne lui permit pas d'achever celle-ci; l'autre tableau, placé par Auguste dans le temple de César, avoit été endommagé par le temps, et aucun peintre ne se crut digne de mettre la dernière main aux chefs-d'œuvre d'Apelle.

(1) Voyez PLINE, l. XXXV, §. XV.

On finissoit d'imprimer cette notice lorsqu'en parcourant l'ouvrage sur la galerie de Dresde publié en 1757 par Le Plat, j'ai trouvé, dans le vol. II, pl. 124, une statue drapée d'environ 4 pieds 10 pouces de haut, provenant de la collection Chigi, et dont la pose et l'ajustement des draperies ont de grands rapports avec ceux de notre Vénus, quoique le pied gauche soit plus élevé, et que le corps, plus tourné vers la gauche, ait moins de mouvement. En restaurant cette statue, dont il ne restoit que le corps (et l'on ne sait, d'après l'estampe, s'il existoit entièrement ou en partie), on lui a donné le caractère et les attributs de Vénus Victrix, et elle tient une pomme à la main gauche. Mais ce qu'on lit dans la savante Description de la galerie de Dresde, par M. Lipsius, donne lieu de penser que les restaurations ne sont pas bien motivées; et un reste de colonne, qui n'a pas été rendu dans la gravure, lui fait croire que cette figure étoit appuyée contre cette colonne, et qu'elle représentoit une muse, qui tenoit peut-être à la main un masque. Le haut du corps n'est pas nu, comme celui de notre Vénus; il est vêtu d'une tunique d'une étoffe fine et légère, qui tombe jusqu'aux pieds, costume qui conviendroit aussi à une Vénus drapée. Mais ni le texte ni la gravure, n'indiquant avec détail ce qui est antique, ne nous apprennent pas si les seins le sont, et s'il y en avoit un découvert lorsque la statue étoit dans son intégrité, ainsi qu'on le voit aux figures de Vénus vêtue. Cette statue, malgré une certaine analogie avec notre Vénus, ne peut donc pas servir à l'expliquer, à établir des rapprochements, vu qu'elle est en grande partie restaurée, et que les bras sont entièrement modernes. Les draperies qui enveloppent la partie inférieure du corps présentent à-peu-près les mêmes masses, ce qu'on trouveroit dans d'autres statues de Vénus et de plusieurs déesses; cependant elles diffèrent par les détails, et ne sont pas traitées d'une manière aussi savante, et avec autant de simplicité et de grandeur de style. Si ces draperies, de même que celles d'autres statues, ont été ajustées, dans leur ensemble, d'après un type adopté, elles ont reçu, selon le génie des artistes, et selon les figures auxquelles ils adaptoient ce costume, un grand nombre de modifications qui les éloignoient ou les rapprochoient plus ou moins du premier original qui les avoit inspirées.

NOTICE

SUR LA STATUE DU MUSÉE ROYAL, N° 711,

CONNUE SOUS LE NOM

DE GERMANICUS, DE L'ORATEUR,

ET D'UN PERSONNAGE ROMAIN EN MERCURE.

Je profiterai de cette occasion-ci pour appeler l'attention des antiquaires sur une statue célèbre qui, par la justesse de ses proportions, la vérité de l'imitation, par son travail et par sa conservation, mérite d'être regardée comme un des plus beaux ouvrages non seulement du Musée royal, mais même de tous ceux que le temps nous a conservés de l'antiquité. Ce chef-d'œuvre est un des modèles les plus parfaits et les plus près de la nature que l'on puisse offrir aux études des artistes; mais ce n'est pas sous le rapport de l'art que je compte le considérer aujourd'hui, et c'est moins aux artistes que je m'adresse, qu'aux savants qui, par une critique judicieuse des auteurs anciens, s'efforcent de retrouver les sujets des productions de la sculpture antique, et de leur assigner leurs véritables dénominations. La statue dont nous allons nous occuper, a long-temps exercé la sagacité des antiquaires depuis l'époque où elle faisoit partie de la collection Montalto à Rome, jusqu'à celle où elle passa dans la galerie de Versailles, et vint accroître le nombre des chefs-d'œuvre antiques que la France possède depuis plusieurs siècles, et qu'elle

8

doit en partie aux acquisitions que François Ier en fit faire en Italie par le Primatice. Connue d'abord sous le nom de Germanicus, fils de Drusus, cette statue reçut, on ne sait trop pourquoi, cette dénomination, car ses traits n'ont aucun rapport avec les têtes qu'offrent les médailles de cet illustre général. Son attitude pensive et réfléchie, le geste du bras droit, donnèrent ensuite l'idée que ce pourroit être un orateur; et enfin M. Visconti, avec cette sagacité qu'il mettoit dans toutes ses observations, et qui répandoit une si vive lumière sur les objets qu'il soumettoit à ses recherches, reconnut dans cette figure un personnage romain du dernier siècle avant l'ère vulgaire, représenté avec la pose et les attributs que l'on donnoit ordinairement à Mercure, le caducée qu'il tenoit à la main gauche et qui retenoit sa draperie, et la tortue que l'on voit à ses pieds. Une inscription gravée en très petits caractères sur l'écaille de cet animal, et qu'on peut croire de la fin de la république, nous apprend que ce chef-d'œuvre est de la main de Cléomène d'Athènes, fils de Cléomène. Ce sculpteur pourroit être fils du Cléomène dont Pline célèbre les Thespiades, qui se faisoient remarquer dans la belle collection d'Asinius Pollion, et auquel nous croyons devoir la Vénus de Médicis. M. Visconti pense aussi que ce personnage peut être un des généraux romains tels que Flaminius, Paul-Emile, Glabrion, ou Métellus qui, ayant mérité la reconnoissance des Grecs, en a reçu dans ce monument la récompense de ses bienfaits. On objectera peut-être que du temps de la république romaine les statues qu'on élevoit aux grands hommes n'étoient pas nues, et qu'on les représentoit en toge, dans le costume militaire ou avec celui de leur dignité; mais la république s'étoit à cette époque bien relâchée de son ancienne sévérité, les lois avoient perdu leur autorité et les mœurs leur austérité. Après la ruine de Corinthe par Mummius (146 avant Jésus-Christ), et lorsque Sylla eut pris et dévasté Athènes, et porté le ravage à Delphes, à Elis, à Epidaure et dans toute la Grèce (86 avant Jésus-Christ), la grande quantité de sculpteurs grecs qui se réfugièrent à Rome durent produire d'importants changements dans la manière d'y envisager les arts. Familiarisés avec la nudité de cette foule de statues qu'ils avoient enlevées à la Grèce, et qu'ils regardoient comme ses plus précieuses dépouilles, les Romains s'habituèrent facilement à la voir introduire dans les statues de leurs grands hommes. Et ne voit-on pas à Rome, au palais Spada, la statue du grand Pompée, et dans le Musée royal, n° 150, celle de Sextus Pompée, nues, suivant le costume adopté par les Grecs pour leurs héros? et si elles représentent, ainsi qu'on le pense assez généralement, ces deux personnages, elles sont à-peu-près de l'époque à laquelle on peut placer la statue qui fait l'objet de cette notice.

Loin de contredire l'opinion de M. Visconti dans l'ensemble de ses idées ingénieuses sur notre statue, je crois pouvoir leur donner plus de force en les appuyant de deux passages de Pline l'ancien, et en offrant quelques observations que m'a suggérées l'examen de cette belle figure, et qui indiqueront peut-être quel est le Romain qui mérita qu'on lui consacrât cette statue. En nommant plusieurs hommes célèbres auxquels on a pu rendre cet honneur, l'auteur du musée pio-clémentin n'a pas entendu en fixer le nombre aux quatre qu'il a désignés; d'autres peuvent prétendre à y être admis; la même époque en fournit plusieurs, et il ne s'agit que de faire un bon choix.

L'an 667 de Rome, 87 avant Jésus-Christ, un préteur de Rome, d'une tête très vive, et très ambitieux, nommé M. Marius Gratidianus, aspiroit au consulat: fils de Gratidius, et originaire d'Arpino, patrie de C. Marius et de Cicéron, il étoit neveu du premier, dont le frère aîné l'avoit fait entrer dans sa famille en l'adoptant, et Gratidia, sœur de son père, avoit épousé le grand-père de Cicéron [1]. M. Marius Gratidianus cherchoit tous les moyens de plaire au peuple et de parvenir au consulat en obtenant ses suffrages. A cette époque, et même depuis long-temps, il s'étoit introduit un tel désordre dans les monnoies par leur altération, qu'il ne pouvoit plus exister de confiance dans le commerce et dans les transactions entre les particuliers ; personne ne savoit plus la valeur de ce qu'il possédoit; et la fraude des faussaires étoit assez adroite pour qu'il fût difficile de la découvrir. Soit que Gratidianus eût trouvé un moyen de distinguer les deniers de bon aloi d'avec ceux qui étoient altérés, soit qu'il profitât de la découverte d'un autre, de concert avec les préteurs ses collègues, il résolut d'établir des vérificateurs des monnoies, et de faire porter à ce sujet une loi qui réprimât les faussaires. Pour avoir une part égale dans l'honneur que cette loi devoit leur faire, les préteurs convinrent, avant de se séparer, de l'heure à laquelle ils se rendroient aux rostres pour la publier; mais Gratidianus devança le moment fixé, promulgua seul la loi, et en retira seul aussi tous les avantages qu'avoient espérés ses collègues, et dont Cicéron le blâme ouvertement de les avoir frustrés [2].

(1) Et avus quidem noster singulari virtute in hoc municipio, quoad vixit, restitit M. Gratidio, cujus in matrimonio sororem, aviam nostram, habebat, ferenti legem tabellariam. Excitabat enim fluctus in simpulo, ut dicitur, Gratidius, quos post filius ejus Marius in Ægeo excitavit mari. Cicer., *de Legib.*, l. III, c. xvi.

(2) Ne noster quidem Gratidianus officio boni viri functus est tum, cum prætor esset, collegiumque prætorum tribuni plebis adhibuissent, ut res numaria de communi sententia constitueretur; jactabatur enim temporibus illis numus, sic, ut nemo posset scire, quid haberet. Conscripserunt communiter edictum cum pœna, atque judicio, constitueruntque ut omnes simul in rostra post meridiem escenderent. Et ceteri quidem alius alio : Marius

Jamais la reconnoissance du peuple romain n'éclata avec plus de vivacité qu'envers Gratidianus; les tribus de Rome lui élevèrent des statues dans tous les carrefours de la ville (*vicatim, in omnibus vicis*). Le nombre devoit en être considérable, quoiqu'il le fût moins sans doute que quelques siècles plus tard, lorsque l'on comptoit à Rome deux cent vingt carrefours, ainsi que le rapporte Publius Victor dans sa topographie de la capitale du monde. Mais la manière dont Pline parle de la quantité de statues élevées à Gratidianus, immédiatement après avoir dit que les Athéniens dans moins d'un an en avoient érigé trois cent soixante à Démétrius de Phalère, prouve que celles qu'on avoit consacrées à Gradianus devoient être en très grand nombre; et cette multitude de statues, qui durent être exécutées en peu de temps pour satisfaire l'impatiente et fougueuse reconnoissance du peuple, se conçoit aisément quand on songe à la foule de sculpteurs qui, fuyant la Grèce désolée, affluoient à Rome depuis plusieurs années. Pline au reste ne dit pas de quelle matière étoient ces statues, et il est probable qu'il y en eut plus en terre et en bois qu'en marbre et en bronze, et que plus d'une tribu préféra la manière la plus prompte de les exécuter et de prouver son zèle. Par les expressions de *statuas totas*, Pline entend sans doute des *statues entières,* en pied, ce qui étoit plus honorable que de simples bustes ou des têtes placées sur des hermès.

Les honneurs rendus à Gratidianus et à ses images, étoient au-

a subselliis in rostra recta, idque quod communiter compositum fuerat, solus edixit. Et eas res (si quæris) ei magno honore fuit, *Omnibus vicis statuæ: ad eas tus, et cerei.* Quid multa? *Nemo unquam multitudini fuit carior.* Cicer., *de Offic.*, l. III, c. XVI, XX.

Igitur ars facta denarios probare, tam jucunda lege plebi, ut Mario Gratidiano *vicatim totas statuas dicaverit.* Plin., l. XXXIII, c. XVLI.

Statuerunt Romæ etiam in *omnibus vicis* (Il paroît que ce doit être M. Mario) C. Mario Gratidiano tribus, ut diximus, easdemque subvertere Syllæ introitu. *Id.*, l. XXXIV, c. XII.

dessus de tout ce qu'on avoit vu jusqu'alors ; c'étoit une véritable consécration, et les dieux ne recevoient pas plus d'hommages. Jamais personne n'avoit été plus cher à la multitude que ce préteur, et il en étoit devenu l'idôle ; des torches de cire brûloient en son honneur ; on faisoit fumer l'encens aux pieds de ses statues, et le vin couloit en libation comme pour les divinités. Seroit-il donc étonnant alors qu'on lui en eût donné les attributs, et que l'imagination d'un sculpteur grec chargé d'exécuter une de ces statues ; car il n'est pas probable qu'elles aient été toutes d'après le même modèle, quoique peut-être il y en ait eu plusieurs faites ensemble, dans le même atelier, d'après une seule esquisse ; seroit-il, dis-je, étonnant qu'un Grec ait représenté avec les attributs de Mercure, du dieu du commerce, Gratidianus, qui venoit de lui rendre un service si important par la loi sur les monnoies ? Et c'eût été un hommage de plus adressé à ce préteur, offert à la vénération du peuple comme le dieu du commerce, ou bien une manière de tempérer ce que cet hommage, cette espèce de culte, avoient de trop exagéré et presque d'impie, en les lui faisant partager avec Mercure.

Jusqu'à présent je n'ai eu recours qu'aux auteurs classiques pour appuyer mes conjectures sur la statue objet de mes recherches, et pour prouver qu'il est aussi probable qu'elle représente Gratidianus, que tout autre Romain célèbre de cette époque ; mais ce n'est pas cependant aux passages de ces auteurs que je dois cette idée. C'est l'examen de la statue ou plutôt le hasard qui me l'a suggérée ; et ce ne seroit pas la première fois qu'il auroit mis sur le chemin de quelques découvertes beaucoup plus importantes que celle-ci. En regardant attentivement et en étudiant le bras droit et la main de cette belle figure, je fus frappé de la forme d'un objet qu'elle tient entre le pouce et le premier doigt, et que, n'y ayant pas fait une attention particulière, j'avois toujours pris pour un de ces petits tenons que les sculpteurs réservent souvent pour donner plus de force aux parties détachées, qui par leur délicatesse courroient le risque d'être brisées par le moindre choc. Mais après avoir considéré avec soin et sous toutes les faces ce qui m'avoit d'abord paru un tenon, je fus persuadé que ce n'en étoit pas un, et que ce n'étoit pas sans intention qu'on lui avoit donné cette forme. Cet objet d'environ sept à huit lignes de diamètre, est rond dans son contour, aplati d'un côté, et bombé de l'autre, à-peu-près comme le sont de petits cailloux *calculi*, ou ces morceaux de verre de différentes couleurs, que l'on trouve fréquemment dans les fouilles des monuments antiques, et qui servoient ou de jetons ou pour *compter*, pour *calculer*. Un culot de métal resté au fond d'un creuset, et les flans de certaines pièces de monnoies romaines très épaisses, offrent aussi à-peu-près la même forme. Cette forme me frappa; je crus y trouver quelque rapport avec le personnage représenté en Mercure; et je me rappelai ce que Pline rapporte de Gratidianus et de sa loi sur les monnoies. Ne se pourroit-il pas qu'en l'offrant avec les attributs de Mercure, on eût voulu, pour mieux le caractériser, lui faire tenir à la main un accessoire que nous ne pouvons pas aujourd'hui reconnoître d'une manière positive, mais qui suffisoit alors pour rappeler et le bienfait dont on étoit redevable à Gratidianus, et le sujet de sa loi. Nous ignorons les moyens que l'on employa pour apprendre à distinguer les monnoies fausses d'avec les vraies; et sans chercher à déterminer ce qu'il tient à la main, on peut supposer que c'est ou un flan de métal, ou peut-être une de ces petites coupelles dont on se sert pour éprouver les métaux, du moins l'argent. La sculpture ne peut pas tout dire, et souvent elle ne se sert que d'emblêmes très simples pour exprimer sa pensée. Quand bien même Gratidianus n'auroit pas été l'inventeur des procédés qui servoient à faire distinguer l'altération des monnoies, il suffit qu'il ait contribué à l'établissement de vérificateurs ou d'essayeurs des pièces, et qu'il ait promulgué à ce sujet une loi dont on lui attribuoit tout l'honneur, pour qu'en lui consacrant des statues sous la figure de Mercure, on ait voulu les distinguer par une particularité qui nous échappe à présent, mais qu'alors on comprenoit facilement.

On m'objectera peut-être, d'après Pline, que la fortune de Gratidianus fut de peu de durée, et que sa famille ayant été exterminée par Sylla, il fut massacré par Catilina, et que ces mêmes tribus romaines qui en avoient fait un dieu, renversèrent ses statues avec autant de fureur qu'elles avoient montré d'enthousiasme en les lui élevant[1]. Il pourroit donc paroître extraor-

(1) Lorsque Sylla s'empara de Rome, l'an 81 avant Jésus-Christ, il abandonna Gratidianus à la cruauté de Catilina, qui, après l'avoir fait battre de verges dans toute la ville devant les mêmes Romains qui lui avoient décerné des honneurs divins, lui fit souffrir, des tourments affreux; il lui fracassa les membres, lui arracha les yeux, la langue : il sembloit, dit Sénèque, qu'il vouloit multiplier la mort, en le coupant par morceaux, et en lui faisant éprouver toutes les tortures que sa rage pouvoit inventer; enfin il le saisit par les cheveux, et lui trancha la tête devant le tombeau de Catulus. Q. Cicéron, frère de l'orateur, Sénèque, Florus, et sur-tout Lucain, donnent des détails horribles du supplice de Gratidianus.

Quid ego nunc dicam, petere eum (*Catilinam*) consulatum qui hominem carissimum populo romano M. Marium (*Gratidianum*), inspectante populo romano vitibus per totam urbem, ceciderit? Ad bustum egerit? Ibi omni cruciatu vivum lacerarit? Stanti collum gladio sua dextera secuerit, cum sinistra capillum ejus a vertice teneret? Caput sua manu tulerit, cum inter digitos ejus rivi sanguinis fluerent. Q. CICERO, *de petit. consul. ad M. Tullium fratrem.*

M. Mario cui vicatim populus statuas posuerat, cui thure et vino romanus populus supplicabat, L. Sylla perfringi crura, erui oculos, amputari manus jussit, quasi totiens occi-

dinaire qu'une des statues antiques les mieux conservées fût celle d'un homme dont on renversa toutes les images ; mais il n'est pas dit qu'elles furent toutes détruites. Ne seroit-il pas permis de penser que quelques unes ont pu échapper à la proscription générale ? Si l'on a consacré à Gratidianus des statues dans tous les carrefours de Rome, on peut lui avoir rendu le même hommage dans d'autres endroits, pendant les six ans qui s'écoulèrent entre la loi *Maria* et le retour de Sylla à Rome. N'est-il même pas naturel de croire que quelques particuliers ont eu de ces statues dans leurs maisons, et qu'elles y ont été moins exposées à l'effervescence du peuple que celles qui étoient dans les carrefours; il se pourroit même que la beauté de celle-ci l'eût sauvée, et qu'ayant servi de modèle à plusieurs autres, elle fût restée dans l'atelier du sculpteur grec qui l'avoit exécutée. Ne sait-on

deret, quotiens vulnerabat, paulatim et per singulos artus laceravit. Quis erat hujus imperii minister? Quis, nisi Catilina, jam in omne facinus manus exercens? Hic illum ante bustum Q. Catuli carpebat, gravissimus mitissimi viri cineribus; super quos vir mali exempli, popularis tamen et non tam immerito quam nimis amatus per stillicidia sanguinem dabat: dignus erat Marius qui illa pateretur, Sylla qui juberet, Catilina qui faceret. SENECA, *de irâ*, l. III, c. XVIII.

Piget post hæc referre.... Marium ducis ipsius fratrem apud Catuli sepulchrum, oculis, manibus, cruribusque defossis servatum aliquamdiu ut per singula membra moreretur. FLORUS, l. III, c. XXI, §. 26.

. . . . , Quid sanguine manes
Placatos Catuli referam? Cui victima tristes
Inferias Marius, forsan nolentibus umbris
Pendit, inexpleto non fanda piacula busto:
Cum laceros artus, æquataque vulnera membris
Vidimus, et toto quamvis in corpore cæso
Nil animæ letale datum, moremque nefandæ
Dirum sævitiæ, pereuntis parcere morti.
Avulsæ cecidere manus, exsectaque lingua
Palpitat, et muto vacuum ferit aera motu.

pas d'ailleurs qu'après la mort de Domitien un décret du sénat ordonna d'effacer son nom de tous les monuments et de briser toutes ses statues? Ce décret dut être reçu avec joie, et sans doute l'on mit tout le zèle de la vengeance à détruire tout ce qui pouvoit retracer un tel monstre de cruauté : aussi les statues et les monuments de Domitien sont-ils très rares. Cependant il en existe, même au Musée royal, et on ne les avoit pas fait tous disparoître. Il ne pouvoit pas en être ainsi de Gratidianus ; n'ayant pas excité contre lui la haine générale, il n'étoit la victime que de celle de Sylla pour tout ce qui portoit le nom de Marius, et l'on n'aura pas recherché ses statues avec autant d'acharnement que celles de Domitien; s'il s'en est conservé de ce tyran, on peut croire que celles de Gratidianus n'ont pas été plus maltraitées. Si les conjectures que je viens de développer méritent d'être adoptées, ce seroit un nouveau personnage à ajouter à la nombreuse suite de l'iconographie romaine; marchant dans la carrière que M. Visconti a parcourue avec tant d'éclat, je m'estimerois heureux de pouvoir ajouter une petite pierre au mo-

Hic aures, alius spiramina naris aduncæ
Amputat: ille cavis evolvit sedibus orbes,
Ultimaque effodit spectatis lumina membris.
Vix erit ulla fides, tam sævi criminis unum
Tot pœnas cepisse caput. Sic mole ruinæ
Fracta sub ingenti miscentur pondere membra :
Nec magis informes veniunt ad littora trunci,
Qui medio periere freto. Quid perdere fructum
Juvit, et, ut vilem, Marii confundere vultum?
Ut scelus hoc Syllæ, cædesque ostensa placeret,
Agnoscendus erat.

LUCAIN, *Phars.*, l. II, v. 173-193.

Il est encore question du supplice de Gratidianus dans plusieurs autres auteurs que je crois inutile de citer, et qui rapportent les mêmes atrocités.

nument qu'il élevoit à la gloire de l'antiquité et à la sienne[1], lorsque la mort arrêta ses découvertes ; et c'est un hommage dont je dépose l'offrande sur la tombe de ce célèbre antiquaire.

(1) L'époque des deux Cléomène n'est point fixée d'une manière positive ni par les monuments, ni par les auteurs. Dans mon tableau chronologique des artistes de l'antiquité (voyez la Description des antiques du Musée royal, p. 399 et 400), j'ai placé, d'après l'opinion de Winkelmann, le premier Cléomène à l'an 164 avant Jésus-Christ, et son fils à l'an 146 ; mais ces deux sculpteurs n'offrant aucun point de contact avec d'autres artistes, on est dans l'impossibilité d'établir des rapports et des calculs chronologiques, n'ayant aucune donnée pour les appuyer; ainsi l'on peut sans inconvénient rapprocher de quelques années le temps où ils florissoient. Pline ne dit absolument qu'un mot de Cléomène, auteur de belles statues connues sous le nom de Thespiades; il n'indique pas le temps où il vivoit, *in iis sunt* (il parle de la belle collection d'Asinius Pollion)..... *Thespiades Cleomenis* (liv. XXXVI, chap. IV, §. 10); ce qui n'apprend pas même ce que pouvoient être ces Thespiades. On n'est pas mieux instruit de ce qui a rapport à Archesitas, à Entochus, à Stephanus, à Tauriscus de Tralles, etc. dont les ouvrages faisoient l'ornement de la galerie d'Asinius Pollion ; et quand on connoîtroit leurs époques, ce ne seroit qu'une légère induction pour trouver celle de l'auteur des Thespiades ; car la collection de statues dont elles faisoient partie avoit sans doute, comme toutes les collections, été formée de morceaux de différents maîtres, et d'époques souvent très éloignées les unes des autres. Si, comme le présume M. Visconti, le Cléomène auteur des Thespiades est le statuaire à qui nous devons la Vénus de Médicis, on sait, par l'inscription antique qui y étoit, et dont celle que l'on y voit n'est qu'une copie, qu'il étoit fils d'Apollodore; et l'on peut croire que le Cléomène, sculpteur de la statue dont nous venons de nous occuper, eut pour père l'auteur de la Vénus de Médicis. Cette famille de sculpteurs athéniens offre une succession d'artistes du plus grand talent, et en présenteroit trois générations, si l'on étoit sûr qu'Apollodore eût aussi exercé la peinture ou la sculpture.

FIN.

Pl. 1

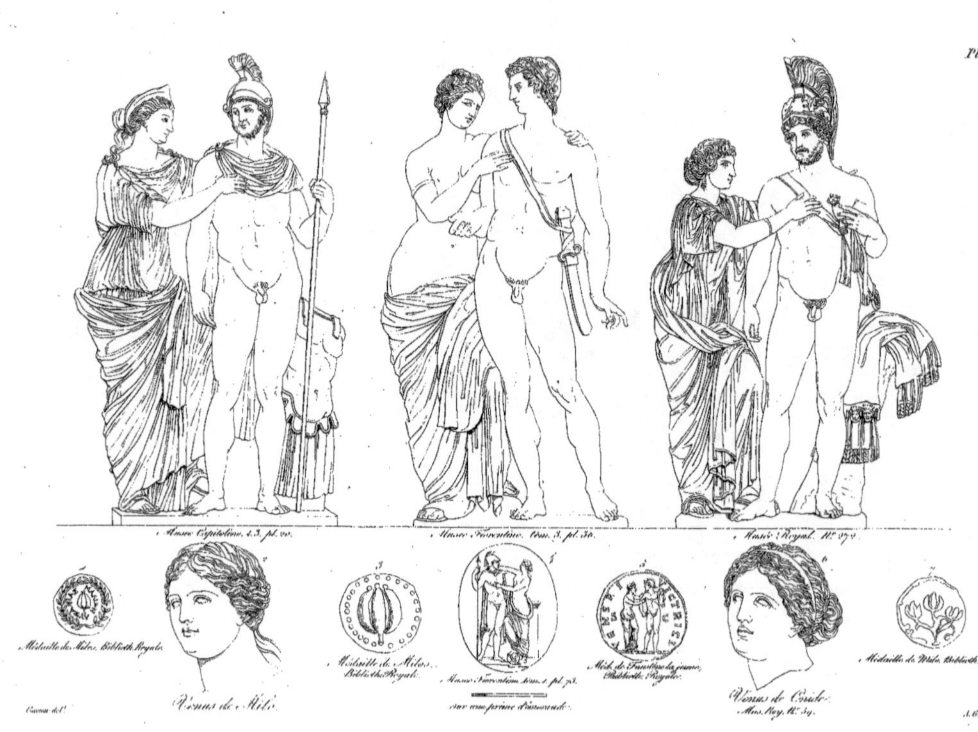
Museo Capitolino, t. 3, pl. 20.
Museo Fiorentino, tom. 3, pl. 30.
Musée Royal, N.° 372
Médaille de Milo, Biblioth. Royale.
Vénus de Milo
Médaille de Milo, Biblioth. Royale.
Museo Fiorentino, tom. 1, pl. 73.
sur une prime d'émeraude
Méd. de Faustine la jeune, Biblioth. Royale.
Vénus de Cnide
Mus. Roy. N.° 59.
Médaille de Milo, Biblioth. roy.

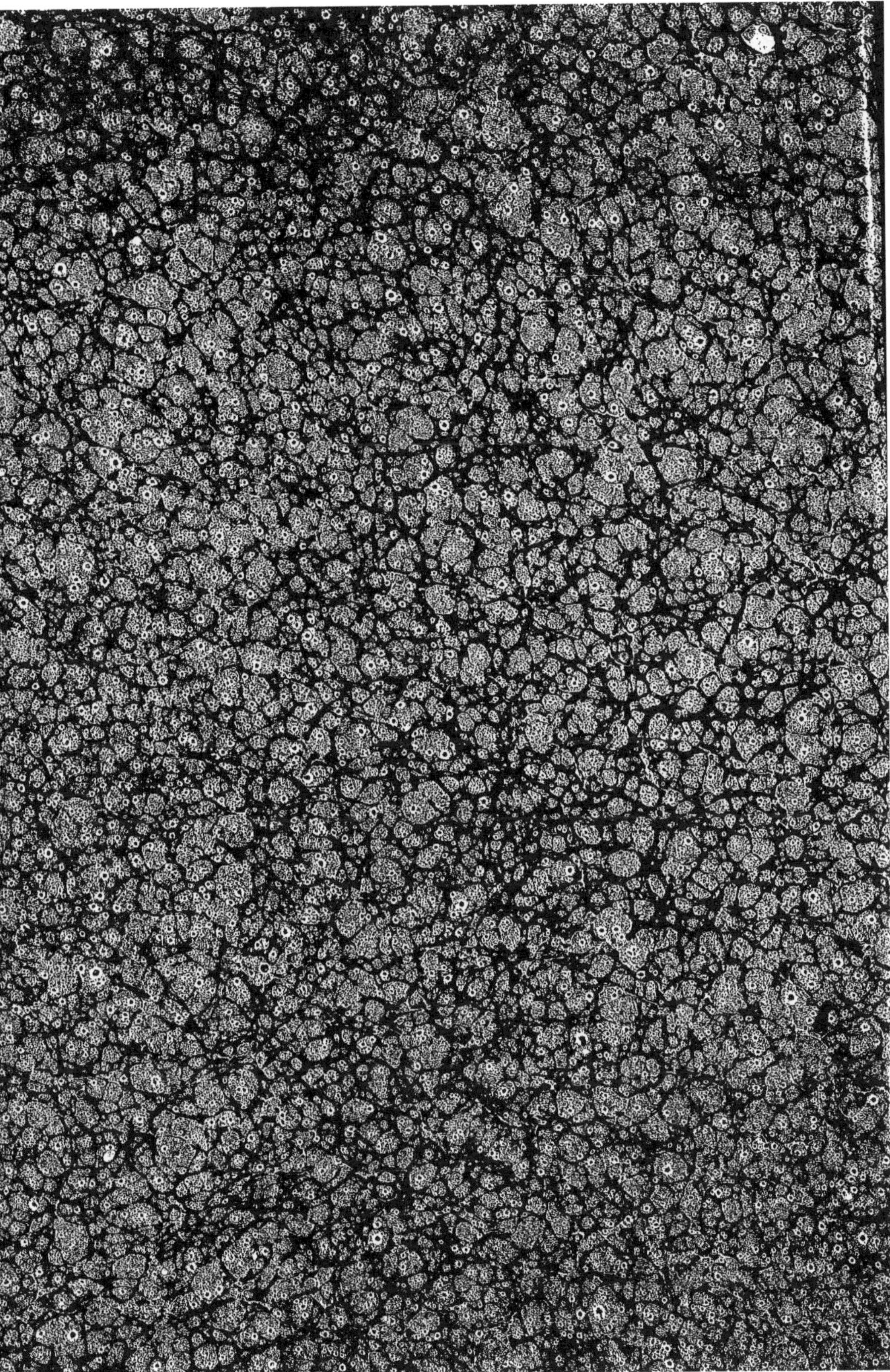

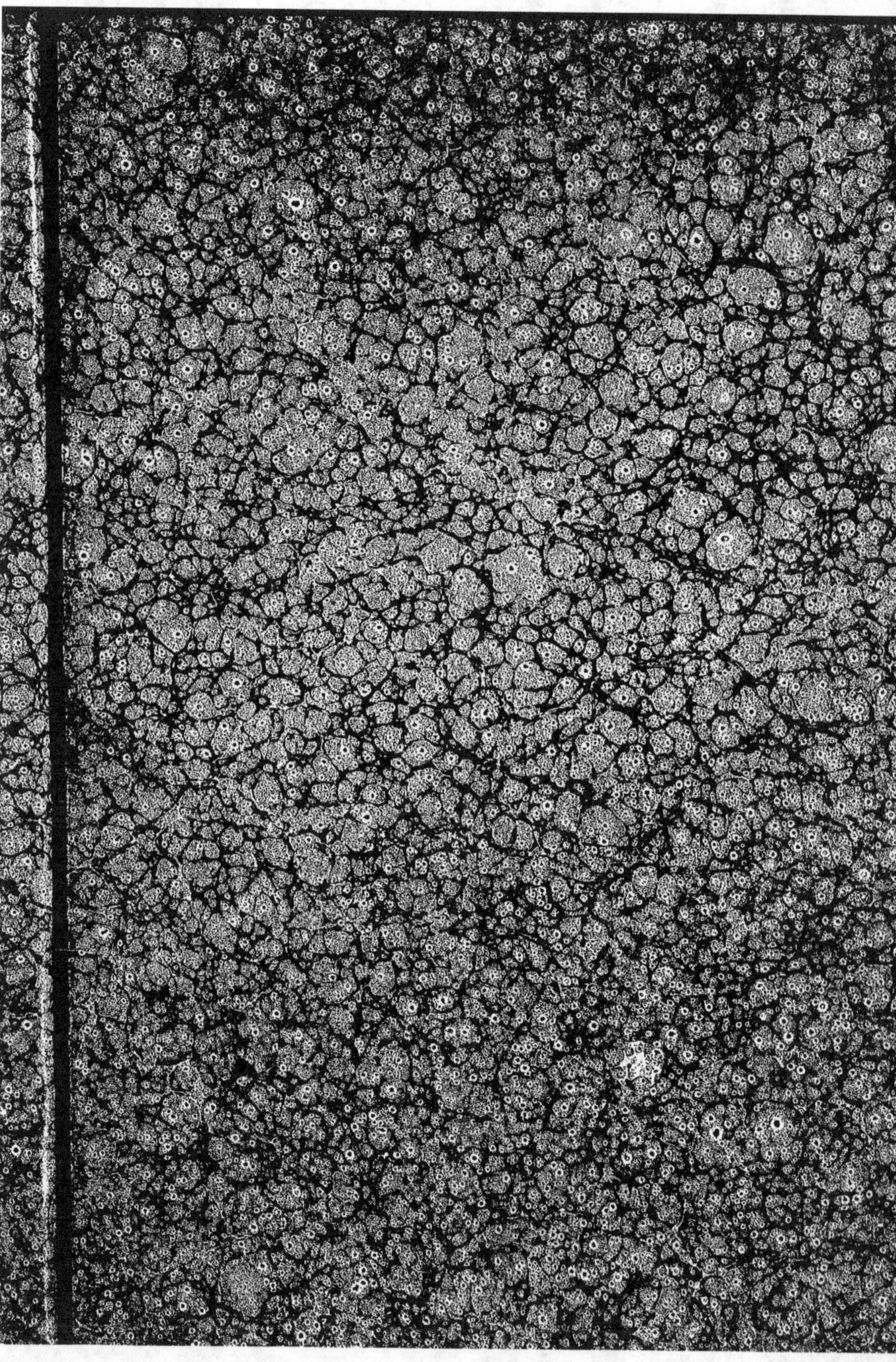

www.ingramcontent.com/pod-product-compliance
Lightning Source LLC
LaVergne TN
LVHW020432230826
846091LV00004B/1459

* 9 7 8 2 0 1 2 9 8 1 5 6 0 *